이 책을 한귀연 · 유수경
부모님 영전에 바칩니다.

2022년 10월
아들 한정완 올림

물이 면역의 본체이다

물이 면역의 본체이다

초판 1쇄 인쇄 | 2022년 10월 7일
초판 1쇄 발행 | 2022년 10월 20일

지은이 | 한정완, 허민도
편집자 | 정승욱, 강원석
펴낸곳 | 쇼팽의 서재
편집기획 | 남광희
편집디자인 | 윤재연
표지디자인 | 윤재연, 정예슬
인쇄 제본 | 월드페이퍼   **배본 발송** | 출판물류 비상
출판등록 | 2011년 10월 12일 제2021- 000253호
주소 | 서울시 강남구 역삼동 613- 14
연락처 | 010 4477 6002
도서문의 및 원고모집 | jswook843100@naver.com
　　　　　　　　　　　　 j44776002@gmail.com
값 | 15,000원
ISBN | 979-11-975460-6-8 03400

물이
면역의
본체이다

허민도 · 한정완 지음
강원석 편집

우리 몸속 70%를 차지하는
물의 놀라운 능력(항상성)

쇼팽의서재

서론

　우리는 수많은 자연의 혜택 속에 살고 있다. 그러나 그 혜택 속에서도 오늘날까지 우리는 자신이 누구인지는 물론, 자신이 속해 있는 자연만물을 아직 이해하지 못하고 있다. 게다가 무지 속에 오히려 자연 훼손의 주인으로까지 행동하고 있다니, 자연에 너무나 죄스러울 따름이다. 그 혜택의 가장 큰 것 3가지라면 바로 햇빛, 공기, 물이다. 이것이 없으면 인간을 비롯한 지구상의 생명체는 살아갈 수 없다. 이 세 가지 모두가 인간에게는 아직 비밀이지만 그 중 물과 건강에 관한 비밀이 이 책에서 열릴 것이다.

　자연의 무한한 혜택 속에서도 현존 과학계는 만물의 이치를 아직 제대로 알지 못하고 있다면 과언인가. '공부'라는 글자가 생긴 지 2,500여년(BC 500년)이 지났으나, 공부, 즉 학문이라는 수단을 통해 이르고자 했던 진리탐구의 참 뜻도 모른 채, 과학만능이 된 채 오늘에 이르고 있다. 의학이란 과학도 생명의 원리를 찾아 알고자 했지만, 아직 그 답을 찾지 못하고 있다. 더욱이 최근 코로나19로 인한 참담한 현실이 무엇보다 확실한 그 증거이다. 인간이 병원체라고 하는 바이러스로부터 피해를 줄이고자 하는 각종 의학적 대책들에 대하여 여러분은 (전문가이든 비전문가이든) 과연 어떻게 생각하는지, 성공하고 있다고 볼 수 있는지 의문이다.

이 책을 펴내는 데는 많은 고민과 성찰이 있었다.

의학계는 지금 어디까지 왔기에 육안으로도 보기 어려운 이 미물에 굴복되고 있는가. 그리고 과연 이 미물인 바이러스가 정말 질병을 일으킨 근본인가. 결론부터 말하면 '면역에 대한 의학적 오해'에서 초래되었다. 오해가 불러일으킨 인류의 비극이 코로나19 팬데믹 사태라 지적하지 않을 수 없다. 면역학적으로 오랜동안 이어진 오해가 편견이 된 지금 의학계가 이 글로 이해할 수 있을까? 오랜 과거가 된 페스트, 말라리아, 가까운 과거의 에볼라, 바이러스에 의한 참극도 근본에 있어서는 지금과 크게 다르지 않다는 사실도 이해 되어야 한다.

코로나19 팬데믹의 근본 원인이 바이러스라고만 오인한 나머지, 이에 대처하기 위한 인위적인 소독제, 백신으로 유도한 항체 등으로 지난 2년반 동안 이어진 인류의 비극을 막을 수 있을 것이라고, 최선의 것이라고 생각하고 있는 현대의 의학계가 과연

이 글에서 제시된 접근 방안을 쉽게 받아들일까 하는 우려가 있어 왔다.

그러나, 이제 이런 걱정은 없어지고 자신감이 생겼다. 먼저 우리 인간의 공동 책임이라는 인식과, 알리지 않으면 안 된다는 필자의 책임과 사명감으로 인해 이 글을 펴내게 되었다. 그간 미국에서 의학 내과전문의로 인류를 위하여 50여년 간 성실하게 환자들을 보살펴 온 한정완 원장님, 그리고 고맙게도 필자의 글을 이해할 뿐 아니라, 한 원장님의 간절한 뜻을 전하고자 하는 아름다운 만남이 필자와 연결이 되었기에 더욱 그러한 확신이 섰다. 이제 사랑하는 제자들로부터도 동참의 진실한 의지를 발견하게 되었으며, 지구촌 인류가 몸속 수분의 역할을 제대로 이해한다면, 인간을 포함한 지구상 모든 생명체는 질병의 고통으로부터 가까운 장래 완전히 또 영원히 해방될 것임을 확신한다.

필자 등이 알리려는 것은 의학 역사 200여년 간 숨겨진 생명의 비밀이다. 이 책을 정독하고 숙독하길 간절히 기원하며, 깨우치신 독자 여러분 스스로 지구촌 곳곳에 알리기를 기대한다.

국립 부경대학교 연구실에서 허민도

차례

③ 영양소로서 수분의 기능

1부

물이 면역의
본체이다

물이 면역의 본체이다

물의 기능을 제대로 알고 있을까_____

생명체의 기본은 물이라는 사실을 모두가 알고 있을 것이다. 그러나, 정작 물이 무엇인지 우리 몸속에 얼마나 중요한 역할을 하는지 등 물의 역할에 대하여 제대로 알고 있는 사람이 드물 것이다. 필자는 이 글을 통해 물, 즉 수분의 생물학적 기능을 제대로 알리고 싶다. 저명한 의사나 의학자들도 물이 몸속에서 얼마나 중요한 역할을 하고 있는지에 대해 알고 있지만, 어떻게 중요한지에 대해서는 주목하지 않고 있다.

거듭 설명하면, 누구나 물이 건강에 필수적이라는 사실이다. 그런데 구체적으로 왜 중요한지의 근거를 물어보면 그 답은 실로

엉뚱한 답변이 돌아온다. 필자 역시 수의학을 연구하는 수의사이지만, 그간 이 지식의 범주를 떠나지 못했다. 왜냐하면 그 어떤 사람도 물에 대한 것을 가르쳐주지 않았고 그것을 알려주는 교과서도 없었기 때문이다.

최근 각종 미네랄수, 정수기 등이 시판되고 있다. 그러나, 어떤 생수 생산 기업도 생체, 특히 사람 몸속에서의 물의 중요성에 관하여 전혀 구체적이지 못하다. 오직 깨끗한 물 자체만을 강조하거나 또는 그 속에 포함된 미네랄만을 드러내 강조하고 있다. 의학계에서 받아들여지는 물의 개념이란, 일반인보다도 못한 거의 무지에 가깝다고 지적하지 않을 수 없다. 물이라는 실체는 눈으로 보고 있으면서도 눈 뜬 장님 같이 그 정확한 역할을 모르고 있는게 실상이다.

눈으로 보이는 그대로가 전부인 것은 아니다. 실제 육안으로 볼 수 있는 것은 전체의 채 30%도 되지 않는다는 사실이다. '물이 생명이다'라고 하는 것은 생명력 자체가 전적으로 몸속 수분에 달려있다는 말이기도 하다. 그럼에도 몸속 수분에 대한 생각이 이 정도에서 멈추고 더 이상 깊게 알려고 하지않는 실정이다. 몸속 수분 역할에 대한 호기심을 가질 때 나머지 70%의 비밀이 열리게 되는 것이다. 사람들은 사물의 전체를 본능적으로 개념만 잡을 뿐이다.

이치적으로 이해하거나 접근하지 않는다. 이 때문에 만물에 대

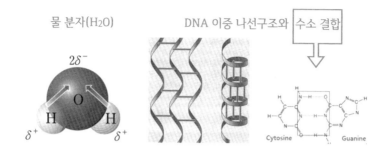

물 분자(H₂O)

DNA 이중 나선구조와 수소 결합

Cytosine   Guanine

물 분자는 산소 한 개와 수소 두 개로 만들어진다. 산소는 약 음성을, 수소 는 약 양성의 전하를 띠어 극성을 갖는다. 이런 특성으로 몸속 수분은 단백질 및 DNA를 포함한 각종 생체 분자 내 또는 분자들 간에 물 분자(H2O) 또는 수소결합의 형태를 이룬다.

생체조직 분자 구조 유지의 기능을 갖는 이유이다. 구조-기능 상관성이 이것이며, 물은 면역력 발휘의 본체가 되는 것이다.

• H₂O 분자 자체 또는 수소결합의 형태로 수화水化
• 탈수, 변성 생체분자 구조의 완전한 복원

⇨ 전신 면역력 강화

한 편견이나 오해가 만들어지고 유행하기 십상이다.

　물에 대한 생각이 바로 그렇다. 물의 기능에 대하여 사람들은 오해하거나 부분적으로 이해하고 있다. 그저 오염되지 않은 깨끗한 물, 여기에 미네랄이 풍부한 물을 원하고 이 것이 건강과 직결된다고 생각한다.

　그러나, 필자는 연구자이기에 항상 이치적인 근거를 통해 물을 조명한다. 이같은 이치 하에 물을 이해한다면, 물이 면역의 주체이고 실체임을 확실히 깨닫게 될 것이다. 여기서 필자는 개인의 주장을 펼치고자 함이 아니다. 누구든지 공감할 수 있는 것, 아울러 이치 내지 진실을 전하고자 하는 것이다. 사실 두려운 것은 이 글을 읽는 독자들의 편견이다. 가끔 갖는 특강에서 편견 속에 있는 청중이 이해하도록 하기 위해 두 시간 이상 시간을 들여 설명하기도 한다.

보통 사람들은 편견, 즉 이미 자기 마음속에 든 이전의 획득한 정보를 갖고 있다. 이로 인해 이치에 맞는 설명이 비집고 들어갈 틈이 없어진다. 참으로 흥미롭게도 의학자나 의사들이 이에 들어맞는다면 과장인가. 이들은 면역과 관련하여 의학적 정보나 소견을 더욱 많이 갖고 있다. 자신들만이 갖고 있는 이론적 내용으로 꽉차 있다. 다른 이치나 이론이 들어올 틈이 없다. 좀더 부연하면, 인체의 면역은 물(수분)과 관련되었기 보다는 외부 병원체와 관련되어 있다고 뇌리 속에 미리 기억되어 있다. 필자는 우리 생각 속의 편견을 지우고 '물이 면역의 본제'라는 명제에 집중해 설명하고자 한다.

면역 개념의 인식 전환에 대하여

보통 흔하게 보는 것이 물이며, 또한 '물이 생명'이라고 했다.

이어서 참된 기능이 무엇인지 인식하지 못했던 이유에 대해 설명했다. 사람은 누구나 편견적 사고의 틀을 깨기는 쉽지 않다. 그렇지만, 이 같은 사고의 틀을 깨고나면 물의 참 기능을 자연히 알게 된다. 그 사고의 편견을 푸는 것이 바로 이치이고, 이치는 비밀을 푸는 열쇠이다. 이제부터는 각자가 가지고 있는 물에 대한 과거의 편견을 버리고 물이 어떻게 면역의 본체인지 그 비밀에 이치적으로 접근해야 한다.

물의 숨겨진 역할을 밝히기 위해 이치세계에 들어가보기로 한다. 흔히 한 여름 땡볕에서 '시든 식물'의 늘어짐을 볼 수 있다. 이 시든 식물에 물을 주면 곧 싱싱해지고 활력을 되찾는다. 식물이 시들어간다 것은 생명을 잃어가는 과정이다. 그러나, 물을 공급해준 후 다시 싱싱해지는 것은 생명력을 회복하는 현상이다.

이러한 현상은 식물의 삶과 죽음이 전적으로 물에 달려 있고, 물이 바로 생명이라는 사실을 이치적으로 깨우치고 있는 것이다. 즉, 물은 식물에게 생명력을 주고 있는 것이다!

이 같은 식물에서의 이치는 사람에게도 적용된다. 그러나, 사람은 물이 부족해도 식물처럼 몸이 시들어 가거나, 시든 모습은 아니다. 사람이 수분 부족에 빠진다면 과연 어떻게 될까? 식물의 싱싱한 상태와 시든 상태는 식물의 외부 모습이나 양상을 통해 느낀다. 물을 흡수하기 전후의 구조 차이는 어디에서 오는가? 여기서 우리는 물의 생체 내 역할에 대하여 이치적으로 알 수 있다. 바로 물의 기능이 생체 구조와 직접 관계되어 있다.

　물의 참 기능은 '구조-활성의 상관관계'라는 원리에 근거해 찾아낼 수 있다. 잘 알다시피 우리 손의 구조는 잡는 기능, 발의 구조는 일어서고 몸을 지탱하는 기능을 가지듯이, 각기 본래의 기능은 구조와 직접 연관되어 있다. 구조가 완전하다면 그에 따른 기능도 일치한다. 자연적으로 구조의 손상은 기능의 손상으로 이어진다. 식물이 충분한 양의 수분을 함유하거나 않거나 간에, 분자 수준에 이르기까지 물이 그 구조 유지 기능을 수행한다는 사실을 이치적으로 알 수 있다. 식물의 시든 상태는 구조의 문제이므로 당연히 기능적 손상 또는 이상 상태를 나타내고 있는 것이다. 이 기능 손상은 생명력 또는 활력의 손상으로 이어지며, 이는 바로 면역력의 손상과 직결된다.

　이것이 과연 비이치적이거나 잘못된 해석일 수 있는가? 면역이 바로 '살아있는 힘'이라는 표현에 필자의 개인적이고 논리적 비약이 있는가? 만일 그렇지 않다면 물분자의 구조 유지 기능에 대한 생화학적 본질을 인식할 필요가 있다. 그 생화학적 본질은 바로 물분자가 제공하는 화학적 결합 특성(수소결합)에 있다는 것을 알 수 있다. (그림참조)

　사람의 경우에도 식물의 경우처럼 시든 상태와 같은 구조적

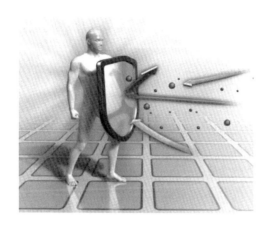

변화가 있을까? 그런 상태에 있다고 한다면 사람의 경우에는 구조적 손상이 기능적으로 어떻게 발현될까? 명명되어 있든, 그렇지 않든 각종 육체적·정신적 불편함에서부터 시작한다.

갖가지 이름이 붙여진 불치 또는 난치성 질병들(고혈압, 당뇨, 류마티스성 관절염, 암 등)에 이르기까지 모두 기능성 손상의 범주에 든다. 이 기능적 손상에는 수분 부족 상태가 직접 관련되고 있다는 사실에 놀랄 것이다.

이러한 점에서 오늘날 면역 개념은 심각하게 재검토되어야 한다. 근대 의학은 200여년 전부터 시작된다. 근대 의학 역사가 시작된 바로 그 시점부터 면역을 인식하는 과정에 비극적인 실수가 있었다. 그것은 바로 지금의 면역 개념이 외부 병원체만을 들어 인식하기 시작하였고, 피감염체인 숙주의 입장에서 인식된 것이 아니었다.

지금도 이런 인식으로부터의 면역 개념은 지속되고 있다. 시급히 면역 개념에 대한 인식 전환이 필요한 시점이다. 지금까지 종래 면역 개념은 빙산의 일각이라 말할 수 있다. 종래 면역 개념이란 오로지 외부에서 침입한 병원체와 숙주 간의 반응성 자체를 가리킨다. 애초부터 몸 외부의 병원체에 대해 지우기 어려운 공포 의식이 면역 개념에 대한 인식의 오류를 초래하게 된 것이다.

면역이란 '생명체가 살아가기 위한 힘'이며, 다른 말로 표현하면 '항상성'이라고 할 수 있다. 이 생명력 내지 항상성이 감소된다는 것은 면역력의 저하를 의미한다. 항상성이 정상으로 유지될 때 정상적 면역력을 가진다고 표현할 수 있다.

그러므로 '살아가려는 힘(면역력)'이 강하면 세균, 바이러스, 기생충이나 기타 각종 내·외부 병적 요인으로부터 자유로울 수 있다. 다시 말해 건강하다는 것은 살아갈 수 있는 좋은 힘을 가지고 있다고 표현할 수 있다. 이것이 바로 면역인 것이다. 살아갈 수 있는 힘이 생체에서는 수분에 의해 직접적으로 주어진다는 사실이다. 물이 바로 생명이며, 또한 면역의 본체라고 하는 것은 절대 과장된 표현이 아니다. 이 사실을 우리 모두가 깨달을 수만 있다면 머지않아 질병의 공포로부터 해방될 수 있을 것으로 소망해 본다.

수분의 부족과 질병

오늘날까지 지구상에만 존재하는 것으로 알려진 물은 지구상 생명체에 있어 '살아갈 수 있는 힘 (생명력, 면역력)'의 근간이며, 절대적인 가치를 가지고 있다는 것을 설명했다. 지금까지 알고 있었던 면역이란 개념은 단지 병원균과 생(명)체간의 반응성에 촛점을 맞춘, 좁은 의미에 국한되어 있다. 물과 면역의 상관 관계에 대해 의학계의 인식은 아직도 미미한 수준에 머물러 있다. 여기에는 여러 이유가 있겠지만, 가장 큰 이유라면 '학문의 세분(전문, 전공)화'에 따른 결과를 들 수 있다.

각 전문 분야 나름의 연구는 심화되고 깊어왔다. 하지만, 이들 분야 간의 지식 공유가 없었던 탓에 물이 면역의 본체라는 사실을 깨닫지 못하고 있었던 것이다. 병원균과의 직접적인 관련, 내지 반응성 속에서 면역을 이해하고자 노력하여 왔다. 이는 면역 개념의 극히 부분적이고 표면적인 것에 지나지 않는다고 말할 수 있다. 그 결과물 중 하나가, 항원, 항체, 백신, 식세포, 백혈구 등 같은 용어들이다. 오늘날 누구에게나 익숙해져 있는 단어이다.

물분자가 세포 내에서 어떠한 역할을 하는지 분자적 수준까지 너무도 잘 연구되어 있다. 하지만, 이로인해 안타깝게도 이 분자적 수준에서 수분의 역할이 생체의 면역력과 직접 연관되어 있다는 사실을 놓치게 된 것이다. 구조란 항상 '기능'과 연관되어 있다는 '구조-기능간의 이치적 상관성'에 있다. 이에 근거하여 물의 면역기능으로서의 참된 가치를 찾을 수 있다.

일생 동안 몸에 수분이 충분히 유지된다면 더 이상 언급할 필요는 없겠지만, 실제로 계속 수분이 부족하게 되면, 이는 면역력의 저하와 직결되기 때문에 문제는 심각해진다.

수분 부족이 인체에서 언제 어떻게 진행되는지를 알아보아야 하고, 그 부족 원인이 어디에 있는지 주목해야 한다. 또한, 사람 아닌 동물에서도 같은 현상이 있는지, 물속에서만 사는 동물에도 수분 부족이 있을 수 있는지도 연구해야 할 것이다. 그런데 안타깝게도 수분 부족은 사람의 경우에만 흔하게 겪는 양상이다.

인체 내에서 수분이 부족하다는 것은 대부분 알려져 있다. 그러나, 면역력과 직접적인 관련이 있다는 언급은 거의 없다. 놀라울 수 밖에 없다. 사람이 나이가 많아질수록 점점 체내 수분이 부족해져 간다는 것은 이미 잘 알려져 있다. 이제부터는 수분 부족이 질병과 어떤 연관성을 갖는지 생각해보지 않을 수 없다.

사람이 노년기에 이르면 심지어 수분이 40%까지 줄어든다는 보고가 있다. 수분이 다소 모자란다고 해서 당장 생명에는 지장이 없다. 이것은 우리 몸에 항상성이란 기제가 작동하기 때문이다. 항상성이란 몸의 기능을 정상으로 되돌려놓고자 하는 힘, 다른 말로 자가회복自家回復 또는 치유력 또는 복원력이다. 항상성이 또한 면역력을 의미한다 해도 전혀 이상하지 않다.

사람의 경우, 수분 부족의 상태는 어머니의 몸을 벗어나는 순간부터 시작된다(엄마 몸 자체가 수분 부족인 경우에도 모태는 태아에게만은 충분히 공급해준다). 태아 시기에는 자궁 내에서는 모태로부터 정상적으로 수분을 공급받지만, 출생 후에는 외부를 통하여 보충하지 않으면 안된다. 출생 이후 수분 부족분을 어떻게 다시 채워 나가야 하는가. 그러나, 오늘날 신생아에 대해 수분 섭취의 중요성에 주목하지 않고 있다. 신생아나 어린이에게 고통스러운 질병으로 알려진 피부 아토피나 천식 같은 질병은 수분 부족과 무관한 것인가.

만약 충분한 수분이 보충되어 채워질 때, 이 병이 해결된다면 수분 부족이 그 원인으로 짐작할 수 있다. 그러나, 아직 그 발생 원인을 수분 부족과 연관지어 연구하고 있지 않다.

통상적으로 인체에 수분 부족 상태가 계속되는 이유는 수분이 체내에서 소비되는 만큼의 수분량이 보충되지 않기 때문이다. 대개 나이 40세를 넘어 50세 이후가 되면, 몸에 이상한 병적 현상

이 생기기 시작한다. 갑자기 노안을 이야기하고, 디스크나 고혈압을 호소하며, 당뇨병을 말하는가 하면, 오십견이나 관절염, 전립선이나 갑상선 이상을 호소한다. 이들 질병은 서로 겹쳐 발생하기도 한다. 물론, 오늘날 사망 선고나 다름없는 각종 암(악성종양)들이 발병하기도 한다. 이같이 나이가 들어가면서 생기는 각종 기능성 질병들을 소위 '노인성 질병군'으로 묶고 있는데, 수분 부족에 따른 병적 현상은 아닌가? 이들 질병 역시 수분 부족 현상을 개선해 치료하게 된다면, 우리는 발병의 근본 이유를 명확하게 깨우칠 것이다.

물에 대한 편견_____

우리는 과거 서울 삼풍백화점 붕괴사고의 아픈 기억을 아직

많은 사람이 가슴에 안고 있다.

생존자 발굴을 위해 간절히 노력하던 중 끝까지 살아남은 생존자의 이야기는 지금도 영화의 한 장면처럼 눈에 선하다. 붕괴 건물 더미에서 뿌린 물을 받아먹고 생존하였던 사람, 그리고 다른 한 사람은 자신의 소변을 받아먹고 생존했다는 이야기는 물의 기능과 관련하여 그냥 단순한 이야기 거리나 사건으로 넘길 사례가 아니다.

생존자들을 빵이 아니라 물이 생존하도록 만들었다. 그것도 깨끗한 물이 아니었다. 이를 통해 물의 가치를 곧 바로 깨닫게 된다. 극한 상황에서는 물이 생명을 살리는 것이지 밥이 살리는 것이 아니다. 밥은 에너지원으로서만 필요하다. 물이 없으면 이 에너지원마저도 쓰이지 못한다는 사실을 반드시 기억하자!

이 단순한 사실에 근거하여도 이제까지 물에 대한 편견이 교정될 것이다. 건강을 위해 물은 깨끗해야 한다, 미네랄이 풍부해야 한다, 식사 전에 물을 마셔야 한다, 식사 후에 마셔야 한다, 차가운 물이 안 좋다, 물은 반드시 끓여 마셔야 한다는 등의 말들은 우리 뇌리 속에 자리잡고 있다. 하지만, 검증되지 않은 정보가 너무나 많다.

이제 물이 면역의 본체라는 것을 깨닫기를 진심으로 바란다. 깨달았다면 지금까지 자신들이나 주위에서 알고 있는 물에 관한 부분적인 생각에서 우리는 완전히 해방될 것이다.

인체의 70% 이상의 수분은, 나머지 30% 비수분의 기능 발휘를 위해 존재한다는 사실을 숙지해야 한다. 수분이 모자라면 몸의 기능 발휘에 지장을 초래하게 되는 것이다.

물의 생명력 부여에 대한 이치를 깨닫지 못하였기에 인체 내수분 부족이 불러오는 재앙을 미처 깨닫지 못하고 있는 것이다. 최근 알칼리수를 건강과 관련하여 운위하는 것도 수분의 실체를 알지 못하기 때문이다. 활성산소 제거와 관련한 이야기가 그럴싸하게 인기를 얻고 있다.

그러나, 활성산소는 원래 몸의 대사를 통하여 발생하는 정상적인 화학성분이다. 우리 몸에 없어서는 안되는 중요한 물질 가운데 하나이다. 다만 우리 몸이 스스로 처리 못할 정도로 축적되고 과다 생성이 문제될 뿐이다. 이 활성산소의 과다 축적은 체내 수분이 모자라기 때문에 일어나는 2차적인 결과이다. 충분한 수분 상태라면 우리 몸 스스로가 활성산소를 제거할 수 있으며, 생체에 필요한 양 만큼 이상 활성산소가 발생되지도 않고 축적도 일어나지 않는다.

이상과 같이 건강과 관련한 물에 대한 참된 기능에 대하여 이치적으로 간략하게 알아보았다. 우리 몸속으로 유입된 물, 즉 수분은 액체로서 뿐만 아니라 갖가지 기능을 한다.

화학적으로 수소결합의 형태로서 모든 생체분자의 기본 구조와 그 상대적 위치를 결정하는 생명기능의 주체이다. 다른 말로 하면 구조-기능 상관성 이치에 의하여 수분은 면역기능의 주체로서 역할하고 있다. 따라서 체내에 수분이 충분하게 유지될 수 있도록 하는 것이 건강을 지킬 수 있는 비결이다.

물은 언제나 옆에 가까이 두고 마실 수 있어야 한다. 우리 몸은 처한 환경에 대응해 적응하는 시간이 필요하다. 물의 경우도 마찬가지다. 평소에 물을 마시지 않던 사람이 갑자기 많이 마신다고 몸이 그대로 받아주지도 않는다. 차츰 평소보다 물 섭취량을 차츰 늘려가면서 적응시켜야 한다. 적응해 감에 따라 점점 갈증을 느끼는 시간이 빨라져온다면 몸이 물 환경에 적응해간다는 것을 의미한다.

보통 세균을 우려해 물을 끓여 마신다. 그러나, 가능한 한 끓이지 않고, 생물로 마시는 것이 세포 흡수에 이롭다. 식후에 마시든 식전에 마시든 상관이 없지만, 적당량 식사 전에 마시는 물은 물리적으로든 화학적으로든 오히려 소화를 돕는다. 물을 뜨겁게 마시든 차갑게 마시든 상관 없다. 청량감있게 마시면 다소 마시는 분량을 늘려갈 수 있다.

시판 중인 각종 음료수는 수돗물 등 일반 물을 대신할 수 없다. 오히려 몸의 탈수작용을 부추기는 역할을 한다. 체내 수분 부족 현상이 생기는 데에는 여러가지 이유가 있다. 물을 직접 마시지 않는 탓도 있지만, 술과 심한 스트레스는 수분 부족 현상의 주범이다. 술은 탈수제 역할을 한다. 스트레스도 체내 수분을 급속히 고갈시키는 요인이다.

여름철 흔히 겪는 열사병도 수분이 짧은 시간 내에 몸을 빠져나가기 때문에 일어나는 급성 수분평형 상실의 일종이다.

산성수니 알칼리수니 하는 물에 대하여는 이미 앞서 설명했다. 물은 이왕이면 깨끗한 물이 좋으나, 굳이 물속에 녹아 있는 성분(미네랄, 세균, 염소 등)을 고집할 이유는 없다. 왜냐하면, 그것들 보다는 수분, 즉 H_2O 자체가 생체 생명력에 큰 영향을 주기 때문이다.

지금까지 물이 생체에서는 생화학 반응의 주체, 또한 면역의 본체로서의 기능을 인지했다.

앞으로는 의학계가 정의한, 질병 원인체(특히 세균, 바이러스, 기생충) 중심의 면역 개념은 수정되지 않으면 안된다. 면역 개념에 대한 오류로 인해 수많은 생명이 지금 이 시간에도 안타깝게 죽어가고 있기 때문이다. 물의 가치를 잃어버린 역사가 인류의 역사이며, 근·현대과학이 생긴 이후 거의 그 가치에 대하여 무지했다. 그 결과 만들어진 것이 소위 '현대병'으로 불리는 불치의 난치병들이다. 암, 고혈압, 당뇨병, 관절염, 치매 등 인류가 고통 속에 고민하는 질병들이라고 한다면 과연 믿어질까.

물의 중요성을 왜 모르게 되었는가?_____

그 이유를 한 마디로 줄인다면 과학이 낳은 무지의 결과라고 할 수 밖에 없다.

오늘날까지 물이 생명과 면역의 기초라는 것을 이다지도 인식하지 못하게 되었는가. 역설적으로 신기한 상황이 아닐 수 없다. 우선 과학에 의한 편견이 물의 본래 기능을 알지 못하도록 했다고 할 수 있다. 물에 대한 무지가 참으로 어처구니 없는 일이라고 느낄 것이다.

이에 덧붙여 과학이 낳은 무지라니! 더 어렵게 들릴 수도 있다. 말과 소리는 다르다. 말은 이치理致이고 항상 앞뒤가 맞다. 그러나, 소리는 앞뒤가 맞지 않은 것으로 그저 뜻 없는 꽹과리 소리처럼 들리기에 이해가 안 된다. 필자의 말에 귀를 기울이면(자초지종을 들어보면), 누구나 이해할 수 있다. 물이 면역의 본체라는 사실에 눈을 뜨지 못하는 이유는 과학의 역사를 통해 알 수 있다. 지금으로부터 2600여년 전 그러니까 BC 600여년으로 거슬러 올라가면 그 기원을 짐작할 수 있다.

그리스 시대, 우리나라 역사로 치면, 단군시대이다. 중국사로 말하면, 공자나 석가 시대, 조금 넓히면 춘추전국시대에 해당하는 시기이다. 그리스 시대 철학자 텔라스가 자연철학을 내세우면서 고대 학문은 시작되었다. 텔라스의 제자인 소크라테스, 플라톤, 아리스토텔레스로 이어지는 시기, 아리스토텔레스가 인문과 자연에 대하여 다방면의 책을 저술했다. 이 시기를 문명화된 과학 역사 시작점으로 보고 있다. 그러나, 아리스토텔레스의 의도는 아니었지만 과학은 오늘날까지 잘못된 길은 걷게 된다. 믿기지 않을 것이다. 과학을 만든 것은 과학화에 목적이 있다고 말하고 싶지만, 과학자 스스로 누구인지, 무엇을 목적으로 연구하고 있는지 모르고 있다는 것을 먼저 지적하고 싶다.

과학이란 단어의 뜻과 유래를 보자. 과학科學이란 '나눌 과' 또는 '쪼갤 과'에 '배울 학' 두 가지 뜻 글자로 이루어졌다. 말하자면, 학문을 나눈 것이 과학이라는 뜻이다. 우리나라에 들어온 '과학'이란 말은 일본에서 형성되었다고 하는데, 영어의 SCIENCE를 일어 번역한 것이다.

이 글자도 'SCI'와 'ENCE'로 이루어졌다. 이 역시 학문을 쪼갠다는 뜻이다. 학문을 쪼갠 최초의 사람이 아리스토텔레스라고 볼 수 있기에 과학의 시작점으로 보는 것이다.

문제의 시작은 여기서부터였다. 본래 과학은 학문을 체계화하여 그 목적을 달성하고자 하는데 있었다. 그런데 과학 각 분야는 체계화에 실패했다. 그 결과, 물이 생명이고 면역인 줄 모르게 되어온 것이다. 학문의 뜻도 그렇다. 배울 학에, '의문 문'으로 이루어진 단어가 학문學問이다. 학문의 근본적인 목적은 진리탐구에 있다. 그런데 과학이 체계화를 이루기는 커녕 오히려 학문 간에 벽만 쌓아 오늘날의 불소통不疏通의 학문세계를 만들고 말았다.

이 결과가 바로 물에 대한 무지로 연결된다. 앞에서 말한 바와 같이 사람이 사물을 볼 때 이치적으로 접근하여야 하는데 모두가 과학 안에서 접근성이 아예 무너져 버렸다. 사람은 사물을 이치적으로 바라보는 생각의 잣대가 있다. 이 생각을 중요시하지 않고, 모두가 과학 안에서 자신의 생각만 주장한 셈이다. 근·현대과학은 더욱 분화(전공화)가 극심해졌다. 지난 200여 년 동안 학문을 더욱 무지의 세계로 몰아넣었다. 특히, 생명체의 본질을 연구하는 의학계는 아직도 면역의 실체를 몰라 헤매고 있는 것이 그 실증의 하나이다.

물을 옆에 두고서도 물의 본래 기능을 깨닫지 못하는 아이러니가 벌어진 것이다. 과거 역사에서 보듯이 전염병 발생 원인을 보면, 외부 병원성 원인에 대한 공포와 굶주림으로 인한 기아로 인해 연구를 물보다는 먹는것, 즉 음식물에 집중했다. 영양에 촛점이 주어진 나머지 건강하려면 잘먹어야 한다는 인식이 팽배했

몸속 수분(세포내액) 세 가지 주요 기능

필요한 물질을 운반하고 가수분해

불필요한 물질을 운반, 배출

체온조절

다. 이는 물의 생물체에 대한 절대적 중요성을 놓치고 만 꼴을 초래한 것이다. 생명은 물이 살리는 것이지 밥으로 살리지 못한다는 사실에 아직도 눈을 뜨지 못하고 있다.

2600여년 전 고대에 기원한 학문은 사람의 지혜가 어두워지기 시작하면서 생긴 것이다. 점점 역사가 흘러오면서 물 등의 자연사물에 대하여 이치적으로 해석하기보다는 부분적이고 표피적인 인간의 본능적인 시각으로 바라보게 되었다.

생명의 기본인 물이 객이 되고 음식, 즉 먹는 것이 주류가 된 것이다.

본능과 이성이 있는 존재가 사람이라고 하였다. 오스트리아 신경학자 지그문트 프로이트(1856~1939)는 사람이 이성적 존재가 되지 못함을 알리기도 했다. 이것이 당시 사람에게 쇼킹한 견해이기도 했다. 물이 생명의 근본인 이유는 어느 누구도 부정할 수 없는 '구조-기능의 상관성' 이치에 근거한다. 인체에서 수분은 육체의 구조를 이상적으로 조화롭게 하는 기능이 있는 것이라는 사실에 주목하자.

물과 불치·난치병

인류는 생로병사의 틀 속에서 오랫동안 질병이라는 난제로 고통받아 왔다. 아직도 갖가지 중증 질병은 인류를 위협하고 있다. 앞에서 언급한 바와 같이 '물이 면역의 실체'라는 사실을 알았다면 오늘날 창궐하는 갖가지 질병은 의학계에서 관심거리가 되지 않았을 것이다. 거듭 강조하면 과거 물의 실체를 몰랐던 어둠 속으로 더 이상 들어가지 말자. 몸속에서 수분의 면역학적 중요성을 깨달았다면, 이제 물은 항상 옆에 두고 부족하지 않도록 하자. 약주나 스트레스 등의 악영향이 단지 수분의 급속한 부족을 초래하는 원인이 되고 있다는 것을 알고 미리 대처를 하여야 할 것이다.

2600년 전 사람의 지혜가 어두워져 학문이 생성되면서 물의 중요성이 잊혀져 왔다.

 '아이가 놀라면 물을 마시게 하는 것'이나, 또 평소에 각종 활동으로 갈증이 생기는 것은 생명의 각종 영위 활동 중에는 수분이 계속 쓰이고 있다는 사실을 몸이 본능적으로 알리고 있는 것이다. 강의 시 강의자에게 물을 준비한다든가, 집에서 항상 냉장고에 시원한 물을 준비해 두고 마신다거나, 식사 후 물을 마신다고 하는 것 등, 물 마시는 행위와 관련한 각종 활동을 통해 물이 생명 영위에 절대적이라는 것을 알리고 있다.

 그러나, 사람에게 이성이 있다고는 하나, 사물을 이치대로 보지 않는 성향이 크다. 더구나 표면적으로 인식하는 경향이 강하기에 물의 생명에 대한 절대적 중요성을 느끼지 못하고 흘러온 것이다. 면역력과 관련한 물의 중요성을 누차 설명해 왔으나, 아직도 믿지 않는 분들도 많을 것이다. 안타깝지만, 의학이란 과학으로 인해 각종 과거 정보가 사람들에 너무나 강하게 박혀 있다. 특히, 생명을 위협하는 불치·난치성 질병에 대하여는 더욱 그럴 것이다.

 암, 당뇨병 난치 질병이 물 부족에서 온다고 하면 잘 이해하지 않을 것이다. 그러나, 거의 모든 불치·난치병은 체내 수분 부족에 따른 몸의 반응일 뿐이다. 수분과 관련하여 알려진 지식이 없고 더구나 의학계에서 물의 생명가치에 대하여 무지하니 불치·

난치병의 교정 및 치료에 물이 아니라 병원이나 약이 우선시하고 있다.

병원이나 약국이 필요 없다는 것이 아니다. 병원에서 의사가 할 수 있는 것과 약국에서 약으로 다스리는 데에는 한계가 있다. 현재 의술과 의약은 응급처치용이거나 생명유지 보조제일 뿐이지 생명을 살리는 직접적인 기능은 없다는 것을 정확히 인지해야 한다. 통증이 심하면 진통제를 맞아야 하고, 맹장염이 발병했으면 수술해야 한다. 열이 나면 해열제를 복용해야 하고, 감염되면 항생제가 도움을 준다. 이를 결코 부정하는 것이 아니다. 이에 앞서, 수분 부족이 면역력 손상으로 이어지니, 먼저 수분의 부족 상태를 해결하라는 것이다.

그래야 어떤 응급이나 보조제 처치에도 몸이 제대로 반응하여 회복으로 연결된다. 어떤 사람이 물이 만병통치약인가라고 되물을 수 있다. 하지만, 부정도 할 수 없다는 사실을 앞에서 설명했다.

암, 당뇨, 고혈압, 관절염 등 소위 현대병은 최근 50여년 간 심각하게 부상한 인체 적신호이다. 그 이전에는 크게 문제시 되지 않았다는 뜻이다. 그냥 표면적으로 생각하는 사람은 옛날에는 생활환경이 좋아 그렇다고 하거나, 의술이 발달되지 않아 그렇게 보일 뿐이라고들 말한다. 하지만, 이치적으로 보면 이 생각은 부분적인 생각에 지나지 않는다. 현대에 와서 먹을 것이 많아지고, 영양 있는 음식이 풍부하기 때문에 오히려 수분에 대한 중요성을 간과해 버린다. 물이 틀림없는 생명의 주체인데도, 물 아닌 객(客), 즉 다른 영양분이 주체가 되어 오랫동안 주객 전도 상황에 있어 왔다는 사실이다.

오늘날 백신과 항생제, 소독제 등의 개발로 감염병 또는 전염병은 정복한 것 같아 보인다.

그러나, 감염과 연결되지 않는 소위 기능성병으로 불리는 불치·난치병들에 대하여 완전히 항복한 셈이다.

단지 이 것으로 의·약학계는 돈버는 사업이 되고 있을 뿐이다. 특히 스트레스 및 우울증, 최근 치매에 대한 대처는 공개적으로 항복했다. 이것 역시 수분 부족의 결과임을 의·약학계가 속히 깨달아야 할 것이다. 수분과 면역과의 관계를 모르는 상황에서 감염병도 해결되었다고 속단할 수 없다.

필자의 말이 이해가 된다면 의학계에서도 언급하는 1975년 이후 의학의 발전은 멈추었다는 것이 이해될 것이다. 그러므로 암, 고혈압, 당뇨, 관절염 등은 물의 생명에 대한 가치를 모르면, 영원히 해결되지 않을 질병이다.

이런 질환은 수분의 만성부족에 따른 적응증의 발현일 뿐이다.

현재 치료법을 속히 멈추고, 체내 수분을 정상으로 서서히 회복시켜가야 한다. 물이 면역의 본체라는 사실을 깨달았다면, 면역학이란 것이 어떤 성격의 학문인지 이해하게 된다. 의학의 최종목적지는 면역의 실체를 알아내는 것에 있다. 그러나, 현대 의학은 아직 면역의 실체를 밝히지 못했다. 그 실체가 밝혀졌다면 건강과 질병의 문제는 더 이상 거론될 필요는 없을 것이다.

생화학은 눈으로 보이지 않는 구조를 연구하는 학문이다. 여기에서 겨우 수분인 H_2O의 역할을 다룬다. 물분자에서 유래하는 '수소결합의 중요성'을 이야기한다. 세포의 생리활성에서 가장 중요한 성분으로 수분의 역할을 강조한다. 그러나, 생화학에서도 수분이 면역의 실체라는 데로 연결시키지 못한다.

만약 면역학이 해부학, 조직학, 생리학 정보를 서로 공유만 했어도 보이지 않는 구조 70%의 중요성을 결코 잃지 않았을 것이다. 과학, 즉 학문을 쪼개어 각자의 길로 갔기 때문에 벌어진 비극일 것이다. 과학 간의 정보 소통이 없이 서로 간에 벽을 만들고만 것이다. 오늘날 면역 연구의 관심은 오직 세균, 바이러스를 중심으로 한 방어 반응 연구에 주목해왔다. 이는 현실적으로 질병예방과는 거리가 멀다.

어떤 노인분은 나의 여생을 병원 빌딩 숲에서 살고 싶다고 했

출처 https://soyoshi.com/

다. 이 어른은 그곳에서 질병 문제를 해결할 수 있을 것으로 기대한 것 아닐까? 어떤 분은 말기 암으로, 산속으로 들어가서 자연인이 되었다. 필자는 의학계의 그간 노고를 결코 폄하할 생각이 없다. 식물의 광합성에서 출발한 생명력의 소산으로 우리는 생명 유지의 재료가 되는 음식을 섭취하고 있다. 음식물은 수분으로 이뤄져 있다. 수분의 능력으로 우리는 생명을 유지하고 있다. 지구 대기권으로 들어오는 빛은 H_2O를 분해하고, 대기 중의 이산화탄소를 받아, C-H-O로 구성된 에너지원이 되는 유기물 또는 유기화합물을 만들어 낸다.

이 유기물을 물이 다시 가수분해함으로 일생동안 생명체의 활동 에너지를 만들어 낸다. 이러한 생명체 유지의 원리는 생명체 수명이 다할 때까지 이루어진다. 그런데, 인류 역사는 이런 생명 조화의 원리를 잃어버리는 과정이라고 해도 과언이 아니다.

물의 중요성을 장수 시대였던 기원전 6000년경 사람들은 분명 알고 있었을 것이다. 과학 이전의 시대인 기원전 4000년경의 이야기다. 오히려 지난 200여년의 과학 역사를 통하여 최고의 '물질 만능 시대'가 만들어 졌고, 먹고사는 데 집착한 본능의 감성 시대에 살게 되었다.

이치는 만물의 의문을 푸는 열쇠와 같다. 2,600년 전 고대 그리스 철학자, 탈레스에서 시작하여, 소크라테스, 플라톤, 그리고 그 제자 아리스토텔레스가 원하는 학문의 세계는 진리를 구가하여 이상 사회를 실현하는 것이었다. 그러나, 이런 이상은 사라졌다. 과학으로 산산이 흩어져 기술을 개발하여 돈벌이의 수단이 되었다. 의학이 이를 충분히 증명하고도 남는다. 인류의 의료산업은 그 규모가 막대한 것은 누구라도 느낄 것이다. 의대, 약대에 왜 자녀를 입학시키고자 하는가. 질병 문제의 해결인가. 경제적 해결 문제인가. 이제 그 이치를 깨달아야 할 시대에 와 있다.

물과 중증 질환의
상관성

물과 고혈압 증상_____

현대병 중에 가장 심각한 4개 질환이라면 아마 고혈압, 당뇨병, 암 그리고 관절염이 될 것이다. 먼저 고혈압이 물과 어떻게 관련되어 있는가.

특히, 고혈압, 당뇨의 경우 한 사람에게 동시에 출현하는 경우가 매우 많다. 앞에서 필자는 물이 생명력의 본체 내지 기초가 된다는 사실을 알고 왔으며, 이것이 바로 면역력의 본체라고 설명했다. 수분의 체내 기능에 대하여 불분명하였던 지난 시대에는 어쩔 수 없다고 하겠다.

하지만, 이제 물의 본래 기능을 정확히 파악한 이상 우리는 행동해야 한다. 이를 근본으로 해서 모든 질병을 이해하여 더 이상 질병의 두려움과 고통 속에서 괴로워하지 말아야 할 것이다. 예로부터 '구슬이 서 말이라도 꿰어야 보배'라고 했다. 건강에 관한 뭐든지 도움 되는 지식들이 쏟아지고 있다. 이들 정보를 '구슬 서 말'이라고 보면, 꿰는 것은 바로 이치라는 생각이다. 말하자면 앞뒤 맞게 연결해 보면, 그 알려진 부분적인 수많은 단편적인 지식들은 그야말로 보배가 될 것이다.

물을 이치적으로 분석해보면 물은 '물분자' 상태로, 또는 '수소결합'의 형태를 띠고 몸속에 존재한다. 물은 인체에서 생체 분자의 구조와 위치를 바르게 하여 생체기능을 조화롭게 한다.

이는 삼척동자도 알아들을 수 있을 만큼 명확한 사실이다. 고혈압이란 혈압이 정상치 이상으로 높아진 상태를 말한다. 고혈압은 급기야 모세혈관의 파열을 불러 생명을 위협하는 무서운 질환이다. 이 고혈압도 수분의 만성적 결핍에서 초래된다.

모든 질병이 그러하듯이 고혈압 역시 체내 항상성이 어긋난 이후 일어나는 보상반응임을 먼저 깨달아야 한다. 그 항상성의 유지와 회복은 반드시 수분에 기초한다는 사실을 이치적으로 깨달아야 한다. 수분은 생체의 기능 상태를 조화시키는 물질의 근본이며, 생체분자의 구조 완성을 통하여 조화를 이루어내는 놀라운 물질이다.

수분 부족이야말로 온갖 질병의 원인이 된다.

이 때 세포내·외 삼투압으로 수분을 유지하기 위해서는 충분한 염분이 필요하다. 무조건 염분을 낮추라는 것은 위험한 부분적인 생각이다. 혈압은 우리 신체의 구석구석까지 혈액(혈구세포와 혈장)을 공급하는데 매우 중요하다. 혈액은 산소와 노폐물의 각종 생리활성 물질을 운반하는 동시에, 조직 내에 수분을 공급하는 기능도 빼놓지 말아야 한다.

그런데 혈압이 정상 이상으로 떨어지거나 높아지면, 저혈압 또는 고혈압이란 기능성 병으로 불린다. 혈압 이상은 수분의 만성 부족에 따른 것이며 본태성 고혈압이 대부분 여기에 속한다. 대개 40~50대의 나이에 들면서 생기니, 당연히 나이와 관계가 있을 밖에 없다. 그 나이 수만큼 만성적으로 수분이 결핍된 상태가 이어지는 것이다.

이런 상태에서 당연히 몸속의 부족한 수분을 채우려는 보상

반응이 시작되고, 이는 체내 수분을 공급하려는 노력이 혈압 상승으로 이어진다. 일종의 적응증이다. 여기에는 단지 혈압 상승 자체만 일어나는게 아니라, 전신적으로 대응하여 회복하려는 각종 생체 반응이 동반된다.

고혈압의 원인으로 학계에서는 각종 원인과 이유를 들고 있다. 그러나, 이른바 본태성 고혈압으로 불리는 이 현대병에 대하여 현대의학의 논리는 거의 설득력이 떨어지고 있다. 체내 수분 상태를 회복시키면, 혈압은 거의 정상적으로 돌아간다. 고혈압이 차츰 정상 혈압으로 돌아간다는 말이다.

단지 몸에 수분이 없어 일어나는 적응증에 불과한 것인데, 혈압 자체를 낮추고자 소위 이뇨제나 칼슘 저해제 등을 처방하여 악화시킨다. 이런 처방은 더욱 수분 부족을 심화시키고, 증상 악화를 자초하고 있는 것이다. 부디, 이런 이치의 귀를 열어 생명의 근본인 몸속 수분의 놀라운 기능을 깨달아 올바른 치료법을 제대로 인식해야 할 것이다.

물과 당뇨병

앞에서도 언급한 바와 같이 수분의 몸속에서의 역할은 핵심적이다. 연골조직처럼 조직의 딱딱한 성질을 제공하는 'H$_2$O 그 자체 결합'으로, 또는 '수소결합의 제공원'으로서, 분자 구조의 형성과 분자 상호간의 결합 위치를 결정하는데 핵심 역할을 한다. '수소결합'은 '신의 선물'이라고 할 정도로 생체 활성화에 중심적 역할을 한다.

생체에서 물의 중요성을 깨달을 수만 있다면 '수분과 당뇨와의 직접적인 관계'는 당연히 이해할 수 있다. 당뇨가 좀처럼 젊은 나이에서 일어나는 것이 아니다. 대부분 40~50대 이상의 나이가 되어야 나타난다는 사실이다. 이는 당연히 나이를 더하면서 형성된 수분의 결핍 상태로 초래된다. 생체가 분자 구조 자체에 이상이 없다면 기능상의 문제는 나타나지 않는다는 '구조-기능 상관성 이치'를 깨달을 필요가 있다.

의학계에서는 물에 대해 지극히 표면적인 인식을 하고 있다. 이 때문에 면역과의 관련성은 물론, 수분 부족과 당뇨와의 직접적인 관계를 고려하지 않는 것 같다. 당뇨는 수분의 심한 부족에 따른 몸의 적응 현상이다(적응증). 우리가 살 아는 노화현싱이리는 것도 수분 부족에 따른 보상작용과 대부분 겹쳐져 있다. 이러한 사실을 놀랍게도 아직 모르고 있거나, 외면하고 있다는 것은 참으로 의아한 일이 아닐 수 없다.

앞에서도 설명한 바와 같이, 고혈압, 관절염, 암 등 이른바 현대병은 역사의 흐름 속에서 건강에 대한 물의 중요성을 잃어버린 인류에게 처한 대재앙이라는 사실이다. 너무나 안타까운 현실이다. 식물이 물로 살아가는 것을 인간이 눈으로 뻔히 보고 있으면서도 마치 당달봉사처럼 '물이 생명력의 근원이며 그것이 또한 면역성 제공의 근원'이 되는 당연한 이치를 눈치 채지 못한다. 이를 통해서라도 우리 현대인의 사고방식이 어딘가에 문제가 있는 것이 분명하다.

지금까지 언론을 통해 기고를 해왔지만, 지면 설명이 도대체 왜 필요한지 참으로 한심하다고도 생각될 때가 가끔 있다. 그러나, 이 생명인 물의 진실을 몰라, 질병의 고통 속에 있는 현실을 아는 이상, 이 사실은 알리지 않을 수 없다. 귀만 열려 있다면 이치적인 설명이기에 삼척동자라도 물의 중요성을 인식할 수 있을 것이라는 기대해 본다.

당뇨병은 두 종류가 알려져 있다. 제1형 당뇨와 제2형 당뇨가 그것이다. 1형 당뇨는 인슐린 분비 세포 자체의 분비기능 이상으로 초래되며, 2형은 인슐린 작용 과정에서 일어나는 문제로 인해 발병된다. 소위 2형 당뇨로 구분되는 것은 수분 공급을 통해 대부분은 완치된다. 그러나, 인슐린 주사에 의존하여야 하는 1형 당뇨로 진단된 경우라 할지라도 완치되는 경우가 종종 있다. 이는 아직 인슐린 분비 베타세포가 아직 살아 있어 그 기능을 회복하였다는 것을 의미한다. 췌장膵臟의 인슐린 분비세포는 체내 수분 고갈 상태에 매우 민감한 기관이다.

이는 갑상선 내분비 세포의 경우도 마찬가지다. 갑상선 기능 이상을 가진 환자의 대부분은 수분 부족과 깊이 연관되어 있다. 당연히 체내 수분의 고갈 상태는 몸의 항상성 기능을 자극한다. 이 때문에 내분비세포의 분비 활동에 영향을 미치는 것은 지극히 당연하다. 다만, 인슐린 분비세포는 수분 고갈 시 어떠한 기전으로 그 분비기능 저하가 오게 되고, 세포가 사라지게 되는지 정확한 규명이 없다.

당뇨가 수분 부족에 의한 보상(항상성) 기전의 표현이 분명하다고 할지라도, 몸은 적은 분량의 수분에 이미 적응이 되어 있는 상태이므로, 무조건 짧은 시간에 물을 많이 마신다고 조직세포가 수분을 받아들이지는 않는다. 물을 자주 마시고, 하루에 마셔야 하는 적당량의 물을 조금씩 늘려가면서 몸을 물에 적응시켜 나가는 습관이 매우 중요하다. 특히 신장 기능이 손상된 환자의 경우 더욱 물 섭취에 주의해야 한다.

어느 틈엔가 갈증이 평소보다 자주 난다면 물에 이미 몸이 적응되어 가는 현상이라고 볼 수 있다. 이 때 명심할 것은 당뇨 증상의 개선과 동시에 전신의 면역력도 회복·강화되어 간다는 사실이다. 건강은 생명성 유지에 있고, '수분에 의한 신체의 신비로운 조화의 결과'가 바로 건강이라는 것을 반드시 기억하자.

물과 관절염_____

난치/불치병으로 분류되는 관절염에 대한 부분을 수분 부족 및 수분 기능과 관련지어 검토해 보고자 한다. 언젠가 기고를 통하여 '관절염균이라는 것이 과연 있는가?'하는 제목으로 관절염과 면역력이 어떤 관련이 있는지에 대하여 피력한 적이 있다. 관절염을 면역학적인 관점에서 어떻게 조명할 것인가를 놓고, 오늘날 면역학 개념의 오류를 지적한 적이 있다.

이른바 기능성병은 오늘날의 주류 면역학 개념과 이치적으로 괴리가 있다는 점이다. 이미 5년 전의 일이다. 그러나 아직도 의학계는 그 고전적 개념의 면역으로부터 떠나지 못하고 있다. 아직 종래 오류를 내포한 면역 개념을 벗어나지 못하면서, 아직도 기능성 질환의 그 어느 것도 제대로 해결하지 못하고 있는 것이다. 관절염 역시 그러하다. 특히 퇴행성관절염, 즉 연세 드신 어르신들의 질병인데 이것 역시 현대병으로 취급된다. 특히 노인의 퇴행성관절염은 관절 연골이 마모되면서 나타나고 주로 무릎, 어깨, 척추와 같은 큰 관절에 발생하는 것으로 알려져 있다. 그런데, 왜 퇴행성 증상이 나타나는가. 아직도 의학계는 그 근본 원인을 찾지 못하고 있다.

필자의 부친은 올해 94세이다. 그런데, 그 분은 아직도 관절에 문제가 없다. 왜 그럴까? 이 기간 동안 얼마든지 퇴행성 과정을 거칠 것인데도 말이다. 언젠가 부친께서 '젊은 사람들이 왜 관절이 아프다고하는지 이해가 가지 않는다'라고까지 말씀하신 것을 기억하고 있다.

그 때가 아마도 89세이셨던 것 같다. 이에 대해 독자 여러분들은 어떻게 생각하는가? 아직도 경운기를 운전하시고, 최근에는 트랙터까지 구입해 농사에 열심이다. 얼굴에 주름도 거의 없으시다. 전화번호도 50개 정도는 외우고 계신다.

이런 사실로 미뤄볼 때 분명히 퇴행성관절염은 나이와 관계있는 것 같지만 반드시 그렇지도 않다. 원인 없는 결과는 없는 법이다. 단지 찾지 못할 뿐이다. 필자 아버님의 경우 물의 중요성에 대하여 이미 알려드렸고, 지금도 물을 가까이 하신다. 갈증도 잘 느끼시는 편이다. 그러므로, 퇴행성관절염은 단지 만성 수분 결핍으로 반응하는 항상성 작동에 따른 적응 증상이다. 무릎 관절의 경우, 걷는 것이 도움을 준다. 연골에는 혈관이 없기 때문에 인접한 골막을 통하여 확산된 수분을 공급받기 때문에 그렇다. 새벽에 부지런한 노인들의 걷는 운동은 관절 연골의 재생에 큰 도움을 준다. 연골은 일종의 수분이 들어간 물 쿠션water cushion의 역할을 한다. 그만큼 체내 수분 상태는 관절에 매우 중요하다.

척추의 추간판도 연골로 되어 있다. 이 연골조직이 나이가 들면서 문제가 생기는데, 이것은 단지 수분의 결핍이 구조 왜곡으로 이어진 퇴행성 변화일 뿐이다.

눈으로 보이지 않는다고 무시한, 분자의 구조와 상대적 위치를 결정하는 물질이 바로 수분이다. 즉 물분자와 그 관여 결합인 수소결합이라는 사실을 깨달아야 한다.

관절염도 앞의 고혈압과 당뇨병의 경우와 그 근본원인이 다르지 않다는 것을 알아야 한다. 수분의 만성부족에 따른 항상성 기작의 표현일 뿐이다. 여기에 진통제 처방이나, 수술을 한다고 하니, 참으로 무지한 의료이다.

노인들이 아이 없는 빈 유모차를 끌고 있거나, 도시 지하철 계단을 힘겹게 오르내리는 것을 보았을 것이다. 이 설명을 알아듣고 있는 여러분들은 어떻게 조언을 해야 할까? 이 유모차를 모방, 이제 의료용 기구로 아예 팔고 있다. 이제 인공관절 수술도 더 이상 필요하지 않음을 이 글을 제대로 읽은 독자는 뼈저리게 느낄 것이다.

이렇게 물의 중요성을 잃어버린 것은 인류의 문명 발달과 관계가 있다. 건강을 위해서 물보다 맛을 내는 음식이 중요하다고 여기고, 또한 맛으로 유혹하는 각종 시판 음료수들이 물을 대신하여 사람의 건강을 해쳐왔다는 사실이다. 우리가 모든 사물이나 대상을 인식할 때, 무엇이든 부분적으로 보고 듣지 말고, 두루마리처럼 자초지종을 아는 습관부터 가져야 한다. 예부터 '반풍수가 집안 말아먹는다'고 했다. 오늘날의 의학계가 이러한 비난을

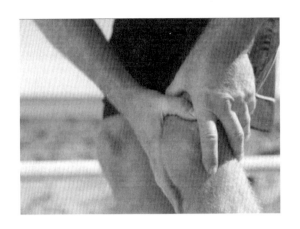

과연 피할 수 있을까?

퇴행성 관절염, 이제는 노인에 한정된 질병도 아니다. 젊은 연령층이라 할지라도 수분의 만성결핍에 빠지면 언제든지 나타날 수 있는 질병이다. 수분의 부족은 이 질병에만 한정된 원인이 아닌 것을 알 것이다. 생체 내 수분은 몸이 생활 속에 온전한 기능을 수행하기 위해서는 모자라서는 안 되는 절대적인 것이 바로 몸속 수분이다. 생명과 면역의 본질인 것을 절대 잊어서는 안된다.

물과 암, 악성종양

수많은 질병 중에서 가장 공포스러운 것이 암, 또는 악성종양이라고 할 수 있다. 암은 생명을 직접 위협하기에 그 완치를 위한 노력으로 재산 탕진에 이를 수 있다. 그러므로 모든 사람들이 암 보험에 가입하지 않을 수 없는 것이다. 이 종양은 왜 생기는 것이며, 언제 그 원인을 확실히 알 수 있을까? 앞에서 설명한 고혈압, 당뇨병 그리고 관절염처럼 원인으로 들고 있는 수많은 발암 인자들이 거의 설득력이 없다. 게다가 그 원인들이 너무나 다양하고, 너무나 광범위해서 일상의 생활 속에서 그 원인들을 피할 방법이 딱히 없어 보인다.

최근 한 사례가 흥미롭다. 주부의 폐암을 조사한 결과, 폐암 발생이 간접흡연과는 무관하다는 결과가 나왔다. 그런데, 이를 둘러대는 학계의 모습이 그야말로 가관이다. 이제는 집에서 생선 구울 때 나오는 매연이 주부 폐암 발생의 원인이 될 수 있다고까지 한다. 도대체 무슨 이런 해괴한 논리를 퍼뜨리는가.

여러 독자분들은 과연 어떻게 생각하는지? 또 있다. 세계보건기구WHO로부터 나온 이야기이다. 햄, 소시지, 베이컨 등의 가공육이 암 발생의 원인이 될 수 있다고도 발표하였다.

그러나, 아무리 가능성이라고 할지라고 확실한 검증 없이 발표하는 것은 말이 안된다. 그럴듯한 말은 참 말이 될 수 없다. 이 것만으로도 사람들에게 공포심을 불어넣고 있다. 그러나, 지금 우리 사회는 불에 탄 고기류 등이 암 발생 요인으로 그럴듯하게 기정사실로 받아들이고 있다. 아무런 검증이 없는데도 말이다. 참된 학자라면 이런 상황을 결코 만들지 말아야 하고 연구를 통해 불안감을 해소해 주어야 할 책무가 있다.

암, 악성종양이라고도 하는 이 이상 조직은 분명히 유전자인 DNA의 문제인 것은 확실하다. 그런데, 이 유전자가 왜 문제가 되는가? 각종 실험이 이루어지고 인과관계를 밝힌 논문들도 엄청나다. 하지만, 왜 아직 암이 완치 내지 예방되고 있지 않는가. 각종 세균 감염병들이 세균에 의하여 일어나는 것은 분명하지만, 그 근본 원인은 세균 자체가 아닌 면역력의 문제라는 점이다. 지금까지 밝혀진 발암 물질은 세균의 입장에 해당하고, 그 근본 원인은 따로 있다.

각종 물리·화학적 요인들, 바이러스, 세균, 기생충, 방사선 등, 무수한 인자가 발암의 원인이 되는 것으로 연구자들이 지적해왔다. 그러나, 이것은 단지 2차적인 간접 요인이 될 뿐이다.

1차적 원인으로는 수분의 만성 결핍에 따른 일종의 적응 증상임을 인식할 필요가 있다. 여타 생체 내 물질들 뿐 아니라 특히 DNA의 경우는 몸속 수분과 절대적인 연관성을 갖고 있다.

바로 DNA의 구조를 결정하는 것이 수소결합이다. 수분 결핍은 그 구조 유지의 근본인 수소결합에 문제를 일으킨다. 그 결과 어그러진 DNA구조를 복구하려는 항상성 반응이 적응 증상으로 나타난 것이 바로 암인 것이다. 거듭 설명하면, 악성종양을 포함한 암의 근본적인 원인중 하나는 수분의 만성 결핍에 있다.

몸속 수분의 부족은 면역력 저하와 직접적인 관련이 있다. 수분 부족으로 각 염기 사이 '수소결합'으로 이루어진 이중 나선 구조가 왜곡된다. 다만 앞으로 이를 증명할 생화학적인 추적 연구만이 학자적 입장에서 남아있을 뿐이다.

암 발병은 특히 40~50의 연령대 이후에 다발한다는 사실을 놓고볼 때, 이 연령대는 각종 원인에 의하여 만성탈수 시기와 겹친다. 오늘날 고도로 발달하였다고 하는 의학계마저도 수분의 중요성을 인식하지 못하는 이 시대에 암은 현대 유행병의 하나라고 할 수 있다.

각종 술과 시판 음료 등의 소비는 탈수와 연관되어 있고, 특히 스트레스는 탈수의 주범이니 특별히 경계하여야 한다. 게다가 오늘날 염분을 낮춘 식사의 권장은 오히려 사람의 갈증을 느끼지 않게한다. 이는 체내에서 수분 노출 및 적응 기회를 막고 있다는 사실을 알아야 한다. 항간에 건강에 좋은 소금이 있다하여, 죽염 등 특제 소금을 건강에 좋다하여 홍보하는 예가 있다. 그러나, 정작 소금이 건강에 직접 작용하는 것이 아니다. 염분은 갈증을 유도하여 몸을 수분에 적용시키는 2차적인 효과, 즉 건강(면역)으로 나타난다. 저염분 식사의 권장 등은 지금까지 수분의 정확한 역할을 모르고 있었다는 것을 반증한다.

암의 경우는 발병한 이후보다는 발병 전의 예방이 매우 중요하고 평소의 충분한 수분과 염분 섭취는 암을 예방하는 최고의 길이며 또한 최선의 길이다.

물과 감염병_____

　감염병, 또는 전염병이라고도 부르는 이 질병은 바이러스, 세균, 기생충 등 각종 생물 원인체에 의한 감염으로 발병한다. 이 병원체가 인류를 공포로 몰아넣고, 오늘날까지도 소독제, 항생제, 백신 등으로 대처하고 있다. 그러나, 이 병원체에 대한 공포감은 여전하다. 이 또한 오늘날 면역의 참된 의미를 잘못 알게된 주요 원인 중의 하나이다. 앞서 설명했지만, 초기 의학도 그 발전 과정도 페스트, 천연두 등의 전염병을 퇴치하려는 노력에서 시작되었다. 근현대 의학의 역사는 제너의 종두법 발견 이후 약 200년 사이의 기간이었다. 200여 년간 정립되어 온 오늘날의 면역의 정의도 바로 이 병원체를 중심으로 형성되었다.

　면역의 사전적 의미는 '면할 면免, 전염병 역疫'으로 이뤄졌다. 이 말에서 보듯이 생물의 병원체를 떠나서는 면역의 개념을 생각하기 어렵다. 인류에게서 수많은 생명을 앗아간 감염병은 공포 그 자체다. 면역이란 '면역의 성질 또는 그 상태, 특히 병원성 미생물의 도입을 방지하거나, 그 생산 물질의 영향에 저항함으로 인해 특정 질병에 저항하는 조건'을 의미한다.

　그런데, 이 개념을 중심으로 연구하여 온 의학계는 감염병(전염병)을 정복하였는가? 그렇지 않다. 최근의 메르스, 에볼라, 동물에서는 구제역, AI(특히 대한민국) 등 아직도 감염병을 해결하지 못하고 그 공포에서 헤어나지 못하고 있다. 이 병원체에 대한 대처 중 가장 비극적인 것이 바로 항생제의 개발이다. 모두가 항생제 내성 문제를 잘 알고 있다. 이 내성의 발현은 결국 항생제 개발 시간을 앞지를 수 있다. 이렇게 되면 감당하지 못할 일이 벌어질 것이다. 다시 말해, 원인체 박멸대책으로는 결코 감염병 문제를 해결할 수 없다는 점이다.

최근 사라졌던 결핵환자도 출현하고 있는 것은 원인체인 결핵균 박멸에 문제가 있기 때문이다. 게다가 비감염성 질병을 어떻게 지금의 면역 개념으로 해석할 것인가. 누구나 '면역력이 있으면 병에 걸리지 않는다'고 말한다.

문제는 그 면역력의 정체가 무엇인가 하는 점이다. 오늘날 면역력의 참 의미를 알고 있다면 왜 아직도 질병문제가 해결되지 않고 있는가? 면역의 정체, 즉 그 참 의미를 모르기 때문에 질병문제는 여전히 남을 수밖에 없다. 이것이 바로 오늘날 의학계가 처한 현실이다.

모든 생명체는 지구상에 태어나는 그 순간부터 살아갈 환경에 직면한다. 하지만, 각각 나름의 생명 영위 수단을 가지고 태어나는 것은 당연한 자연계 이치다. 그 도구가 바로 물인 것을 우리는 이제까지 몰랐다면 과언인가. 물의 가치를 잃어버린 그 하나

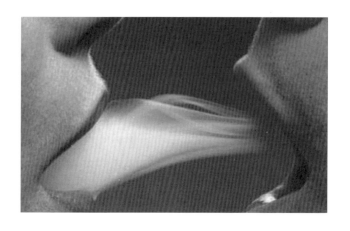

는 편견 때문이었다. 이제 우리의 편견적 사고를 이치적 사고로 전환해야 한다. 오감, 또는 육감으로 느껴지는 것으로는 자칫 편견적 사고만 형성할 수 있다. 즉, 만물의 전체를 이치적으로 인식하지 못하면 결국 오해의 늪에 빠지게 된다. 결국 우리는 면역의 개념을 오해한 것이다. 물이 생명체에서 절대적으로 중요하다는 점을 잃어버렸다. 오늘날까지 질병을 해결하지 못하고 결국 고혈압, 당뇨, 관절염, 그리고 암까지 해결하지 못하는 파경에 이르렀다는 사실을 직시할 필요가 있다. 오류를 바로잡는 길은 쉽지 않을 것이다. 물이 면역의 본체라는 사실을, 종래 면역의 개념에 빠진 나머지 편견만을 앞세워 이치적으로 깨닫지 못한다면 말이다.

　모든 감염병은 생체의 면역력 저하에 따른 2차적 기회 감염병이다. 절대성 병원체란 애초부터 없는 것이다. 산모로부터 출생 이후 물을 소홀이 하지 않았다면 감염병에 걸리는 일도 없을 것이며, 걸렸다해도 회복되지 않는 경우도 없었을 것이다. 시대를 거슬러 올라 페스트나 천연두의 발생의 원인도, 물이 면역의 본체임을 깨닫고 보면, 탈수에 기인한 면역력 부족이 주원인이었을 것으로 추정할 수 있다.

몸속 수분이 면역의 실체임을 조속히 깨닫고, 감염병에 대한 공포로부터 해방되어야 할 것이다.

물은 체내로 흡수된 후 모든 생체분자의 화학적 구조를 바로 잡을 뿐 아니라, 그 상대적 및 공간적 위치를 바로 잡아, 생체의 기능적(생리학적) 조화를 이루어 내는 경이로운 물질이다.

이 '생체의 기능적인 조화가 생명력이고, 면역력의 본질이며, 또한 건강이고 항상성의 의미'라는 일맥상통의 이치를 확실히 깨달아야 한다.

몸속에서 생체 기능적 조화가 무너지면, 바로 내·외적 요인에 의한 질병으로 이어진다. 이제부터라도 생물학적 병원체와의 반응을 중심으로 한 좁은 의미의, 편견적 면역 개념으로부터 탈피해야 한다. 체내 수분의 면역 본체로서의 참 기능을 충분히 이해하여, 본 주제인 감염성 질병을 포함한 모든 질병에서 자유로워져야 한다.

물과 중금속_____

오늘날 우리가 처한 환경은 무섭게만 느껴진다. 먹고, 마시는 것은 물론, 숨쉬기조차도 무섭다. 봄철 뿐만 아니라, 시도 때도 없이 미세먼지로 난리법석이고, 기상예보에 매일 미세먼지 농도가 빠지지 않는다. 참으로 그렇게 무서운 것인가?

앞에서도 언급한 바, 이 모두가 우리 몸의 '면역성에 대하여 무지하기 때문에 벌어지는 해프닝'임을 지적하지 않을 수 없다. 현대 면역학은 참된 면역을 다루는게 아니라고 지적했다.

외부 인자, 특히 세균, 바이러스 및 기생충에 대한 공포에 싸인 나머지 이들과의 반응성을 다루는 과학에 지나지 않은 것이다. 세균, 바이러스 및 기생충 등 생물학적 병원체에 대하여 공포감을 갖는 것처럼, 물질문명이 발달하면서, 건강과 관련하여, 중금속에 대한 경계심도 매우 높아져 있다. 일본에서 발생한 '미나마타병'(1956), '이따이이따이병'(1972)은 각각 중금속인 카드뮴과 수은으로 인한 중독성 질병이며, 산업의 발달과 함께 출현한 현대병에 속한다고 볼 수 있다.

이러한 사건의 연속 이래 중금속 오염에 대한 두려움이 나타나기 시작했다. 중금속, 그 자체만을 환경에서 배제하고자 하는 일념으로 의학계는 집중했다. 그러나, 중독의 원인체에만 생각이 사로 잡혀 있으면, 인류는 중독성 질병에 대한 두려움으로부터 자유로울 수 없는 것이다. 질병의 원인자 자체에만 집중하면, 이에 대항할 수 있는, 더 중요한 숙주(인체)의 면역력에 대하여 더 깊이 생각하지 않기 때문이다.

중금속 중독증 발병의 원인을 중금속 그 자체에만 두는 것은, 마치 빙산의 일각을 보고 전체를 못보는 것과 같다. 이는 '중금속 = 중독증' 식으로 연결하여 인식하게 한다. 이로 인해 생체가 가지는 '자가 흡수 및 배설 능력', 이른바 항상성(면역성)에 대하여는 생각이 멀어진다.

이것이 바로 중독증에 대한 편견적 인식으로 자리잡혀 버린 것이다.

생체는 그냥 자동차처럼 기계적으로 움직이는 생명없는 존재가 아니다. 중금속 오염에 대처하기 위한 항상성 기작을 갖추고 있다는 말이다. 거듭 생체는 면역체라는 사실을 깨닫고, 발병 원인을 그 원인체 자체에 두어왔던 편견에서 벗어나야 한다. 인체가 갖는 항상성 기작은 종래 우리의 사고범위를 뛰어넘는다. 강하고 놀라운 작용이다.

그간 면역학은 의학 역사 200여년 동안 숨겨져 왔던 오늘날까지 오직 원인체 제어에 몰두할 수 밖에 없었다. 그러나, 이제 그 생체 면역의 실체가 바로 수분, 즉 물이었다는 사실을 우리가 자각한다면, 더 이상 중금속은 두려움의 대상이 되지 못한다는 사실을 알아야 한다. 생체에 수분 부족의 문제없이 고유 면역력에 손상이 없다면, 급성의 집중 노출이 아닌, 일상적인 저농도 중금속 노출은 걱정할 이유가 없다. 고농도 특수한 환경이 아닌 일상적 중금속 노출로 인해 병증으로 이어진다는 걱정은 할 필요가 없다. 바로 생체가 갖춘 중금속 흡수와 배출기능이 작동하기 때문이다.

만일 생체가 면역력에 손상을 입는다면, 흡수 및 배설을 제어하기 위한 자가 능력'은 떨어질 것이다. 중금속의 흡수 및 배설기능이 저하된다면, 이 물질은 몸속에서 축적될 것이고, 급기야 생체기능에 문제를 일으킬 것이다. 수분이 면역의 본체이고, 면역력 손상은 바로 수분의 부족에서 초래된다는 사실을 깨달을 때 이 문제는 해결의 길은 열린다고 본다.

중금속의 몸속 축적을 저지하고 배출시키는 각종 음식이나 수단이 추천되고 있지만, 이것은 약물 수준의 생각에 머물러 있다. 약물 투여는 생체 고유의 중금속 배출 기작과는 무관한 경우가 대부분이다. 인체 내 수분이 면역원으로서의 기능을 전혀 깨닫지 못하기 때문이다.

따라서, '물이 면역의 본체'라는 소식은 너무나 반가운 소식이 아닐 수 없다. 그 작용 기작마저 과학자 어느 누구도 부정할 수 없는 이치이다.

중금속이 산화스트레스나, 염증을 유발시킨다는 연구보고가 많다. 이에 따라 항산화 효과가 있다는 음식이나 물질을 추천하

기도 하지만 이 모두 부분적인 처방이다. 실체 효과성과 연결해 보면 대부분 설득력이 떨어진다. 그나마 다행스런 것은 중금속을 배설하기 위하여, 허약하지 말고, 오장육부의 건강을 지킬 것을 일정하게 주장하고 있는 것은 그래도 고무적이다.

건강은 바로 수분과 직결되어 있다는 사실 그 자체가 너무나 반가운 소식이 아닐 수 없다.

중금속 노출에 대한 두려움을 갖기 이전에 몸속 수분이 충실하다면, 건강에는 문제 없다는 사실을 충분히 깨달아야 한다. 몸의 70%를 차지하는 수분은 30%를 조화시키는 오케스트라 지휘자 같은 역할을 한다. 수분이 중금속의 체내 흡수와 배출을 미세하게 조절하고 있다는 사실을 직시하기 바란다.

물과 영양의
관계성

물과 영양_____

　소비자들 사이에 영양이 건강생활에 중요하다는 사실은 잘 인식되어 있다. '잘먹어야 건강하다'라는 인식에는 모두가 동의한다. 그래서 가정에서는 가족 식단에 신경을 쓰고, 식단 준비에 항상 부심한다. 이 장에서는 '물과 영양' 주제를 통해 주부들의 식단 걱정을 덜어주고자 한다. 요즈음은 특히 음식 내 염분 분량에 대한 걱정이 더해져 있을 것이다. '간기' 있게(짜게) 하자니 건강이 걱정이 되고, 그렇다고 싱겁게 하자니 음식 맛이 없고 참으로 고민일 것이다.

　그런데 영양이라는 것이 무엇일까? 사전적으로 영양이란, '생물이 몸 밖에서 양분을 받아들여 생명과 생활력을 유지하고 몸을 성장, 발육시키는 작용'이라고 되어있다. 그럼 양분營養分, 營養素이란 무엇일까? '영양이 되는 성분'이다. 우리는 '3대 영양소'를 잘 알고 있다.

탄수화물, 지방 그리고 단백질이 된다. 생명을 유지하기 위해서는 꼭 필요한 6대 영양소가 있다. 물은 이 중 무기질, 비타민과 함께 3대 미량 영양소로 분류되며 3대 다량 영양소는 지방, 탄수화물, 단백질이 있다. 물이 제6의 영양소라 불리지만, 가치로 따지면 훨씬 중요하다.

2005년 세계보건기구가 발표한 'Nutrients In Drinking Water'에서 "먹는 물은 필수 무기질의 공급원이다"고 했다. 무기질은 뼈와 막의 구조를 만들고 호르몬 작용을 도우며 영양소와 노폐물, 산소를 활발히 운반한다. 특히 물 안의 '실리카'에 주목할 필요가 있다. 이는 광물, 화산 지형에서 많이 나오는 천연 무기질이다. 오이 등에 다량 존재한다. 이는 인체 결합조직의 주요 구성성분으로 피부, 머리카락, 손톱에 있는 콜라겐을 만들어 노화를 막는다. 또한 혈관 벽을 유연하게 하고 퇴행성 관절 질환을 예방하며 콜레스테롤 억제 및 촉진, 태아의 성장에도 영향을 미친다.

이처럼 물의 가치를 깨닫는다면, 이같은 영양소 분류는 참으로 우스꽝스런 이야기다. 그런데 위에서 언급한 영양의 정의에서 보면 가장 중요한 영양소가 당연히 물이다. 영양의 정의대로 한다면, 그 구성 영양소에 있어서는 '물이 주 영양소, 나머지는 모두 부영양소'로 취급되어야 합당하다.

영양 정의와 같이 생명과 생활기능을 유지하는데 영양소들은 각각 어떻게 생체 내에서 활동하는가. 이 영양소 중, 그것을 섭취하지 않으면 생명과 생활기능에 당장 문제가 오는 영양소는 무엇인가? 우리는 3대, 4대, 5대 영양소를 언급하면서도 물은 아예 남의 자식 취급하고 있다.

인간의 문명이 발달하면서 먹을 것이 풍부해졌다. 마치 먹을 것만이 사람을 살리는 것처럼 생각이 오도되어 있다. 게다가 특히 탄수화물, 지방 및 단백질은 구조적으로 서로 연관되어 있다. 생체 요구에 따라 상호의 것으로 변화될 수도 있다.

말하자면, 셋 중 어느 하나가 부족하면, 생체 자체의 항상성으로, 다른 두 영양소로부터 만들어진다. 일반인에게는 이 설명이 어렵겠지만, 3대 영양소는 모두 같은 탄소골격炭素格, carbon skeleton을 가지고 있으며, 다만 머리(CH_3- 또는 NH_3-)와 꼬리 모습($-OH$ 또는 $-COOH$)을 달리 하고 있을 뿐이다. 합성, 생합성, 재합성이란 과정을 통해 3가지 성분이 균형과 조화를 맞추고 있는 것이다. 이 '조화의 주체가 바로 수분'이다.

통상 우리 몸 밖에서 영양분을 미리 챙겨주어야 되는 것처럼 인식하고 있지만, 영양은 고려하지 않아도 우리 몸 스스로 작동한다. 위장 기관을 통해 유입되어 평범한 음식을 바탕으로 영양소를 만들어 스스로 챙긴다. 이것에 바로 생체의 항상성이다. 그러므로 항상성의 힘은 신비한 것이며, 여기에는 바로 70%의 수분(물)이 절대적인 역할을 하고 있는 것이다. 그러므로 이 수분이 바로 생명의 원천이며, 생체의 원동력이 되는 것이다.

면역의 본체인 수분이 영양의 주체이며, 3대 영양소 등은 객체라고 부를 수 있다. 주부들은 수분의 영양소로서의 절대성을 인정하고, 식단에 대한 걱정에서 속히 해방되어야 한다. 생명과 인체 기능 유지에 '삼시 세끼 밥이 아니라 삼시 세때 물!'이라는 뜻도 가능하다.

좋은 물의 조건은 전문가마다 기본적으로 대부분 비슷하다. 인체에 해로운 병원균이 없고 깨끗한 물이다. 음식의 분해, 소화, 흡수를 높이는 약알칼리성 수준이 좋다.

2022년초 발표한 한국수자원공사의 좋은 물 평가는 이렇다. '무색·무취, 8~14℃, 중성 또는 pH6~7의 약알칼리성, 과망간산칼륨 함유량 2mg/L 이하, 염소이온 12mg/L 이하, 경도 100mg/L 이하, 증발 잔류물 40~100mg/L 이하, 유해성분(중금속·농약 등)이 없을 것, 미네랄 성분이 100mg/L 정도 함유된 것'을 좋은 물로 규정한다. 약알칼리성을 띠는 물은 우리 몸의 산성화를 막아 면역력을 강화시킨다. 과망간산칼륨은 물 속의 유기물로 함유량이 높을수록 오염도가 높다. 경도는 물에 칼슘과 마그네슘이 함유돼 있는 정도이다. 이 수치가 클수록 물맛이 세고 거칠다. 미네랄이 적당하게 녹아 있는 물은 특유의 씹히는 맛이 있다.

좋은 물의 공통점은 유해물질이 없고 깨끗하며 약알칼리 성질을 띤다. '물의 맛'은 물 마실 때의 심리상태, 기온, 습도, 환경 등에 따라 하루에도 몇 번씩 다르게 느껴진다. 생활환경에 거의 지배를 받기 때문이다. 비용문제도 고려해야 한다. 비용만 따지면 수돗물이 가장 저렴하다.

물 속에 들어 있는 특정 성분과 미네랄에 대해서는 논란이 많다. 그러나, 인체에 필요한 미네랄은 대부분 식품으로 섭취 가능하다. 종합비타민으로도 부족한 미네랄을 보충할 수 있다. 평소 음식을 고루 먹는다면 굳이 비싼 미네랄 워터를 마실 필요는 없다.

물과 음식

어쩌면 인간은 먹기 위하여 사는 것 같은 느낌마저 들 정도로 먹는 즐거움이 있다. 먹는 만족감은 정말 크다. '먹는 재미로 산다' 라고 말하는 사람도 많다. 온 가족이 둘러앉아 오손도손 음식을 나누거나, 회식이나 만남에서도 이 음식은 사람의 생활에 무엇보다 중요한 역할을 한다. TV방송프로그램 이른바 먹방도 인기 프로이다.

　그런데, '물이 면역의 본체' 라고 알고 있는 사람이 깨우칠 수 있는 것은 음식에 대한 사람의 편견이 심각하다는 사실이다. '삼시세끼 밥, 꼭 챙겨먹어야 건강하다' 고 우리는 들어왔다.

　그런데 반드시 그렇지만은 않다. 일본의 어느 한 외과 의사는 하루에 저녁 한 끼로도 매우 건강하게 생활 할 수 있다고 한다. 필자의 부친은 평생을 많이 굶으셨던 분이다. 그러나, 현재 94세의 고령이다. 위장에 탈 한번 안 나신 분이다. 부친의 건강 유지에 무슨 비밀이 있을까.

　'삼시三時세끼'라는 말이 근거없이 나온 말은 아닐 것이다. 오직 먹어야 건강하다는 인식 때문에 만들어 것이 아닌가도 보여진다. 아니면 3이란 숫자는, 우리나라의 삼신문화에 뿌리를 둔 말로도 보인다.

　음식을 많이 먹는다고 꼭 건강한 것은 아닌 것 같다. 우리 조상

들은 먹을 것이 부족하여, 먹을 것에 한 맺힌지도 모른다. 우리나라는 유독 인사할 때, 식사하였는지 안부삼아 묻는다.

그리고는 '(밥)때 놓치면 안 된다'고 권고한다. 더 알아볼 일이지만 물이 면역의 본체임을 알고 보면, 음식이라는 글자는 '마실 음飮과 밥 식食'으로 되어있다는 것에 눈길이 간다. 음과 식이 모두 중요하다. 게다가 '마시는 음飮이 먼저'이다. 먹는 밥뿐 아니라 '물까지도 소홀히 하면 건강을 해친다' 는 것이 분명해진 것이다.

몸속에 수분 70%가 있어야 밥으로 만들어지는 비수분 30%의 기능이 완벽해지기에 온전한 건강을 유지할 수 있는 것이다.

'세상에서 이런 일이' 라는 TV방송을 본 적 있을 것이다. 이 세상에 신기한 일을 소개하는 프로그램이다. 이 프로에서 수년 전 80세를 넘긴 어느 분을 '라면할아버지' 라고 소개한 적이 있다. 이 분은 매끼 라면만 드시는 화제의 할아버지다. 어찌 '라면만 삼시세끼'로 드시고 건강하신지 호기심을 부른 것이다. 실제로 보건소에서 건강진단을 해보아도 매우 건강하신 것으로 나타났으니, 참으로 놀랄만하다.

필자의 입장에서 보면, 세상이 그렇게 느낄 수밖에 없는 현실에 있고, 안타까운 일이기는 하지만, 잘 만들어 놓은 라면의 가치가 평가 절하되었다는 느낌도 든다. 우리는 이 라면이 참으로 바

뻔 일상의 우리에게, 특히 가난한 사람에서 굶지 않는 기쁨을 가져다 준 기적의 음식이라는 것을 잘 모른다.

결론부터 설명하자면 몸에 수분이 충실해야 한다는 점이다. 그 면역성 덕분으로 영양소의 근원이 된다는 음식에는 자유로워진다. 필자는 라면뿐만 아니라 그 분말스프도 좋아하여 밥에 비벼 밥맛을 즐기기도 한다. 이상하다는 생각은 세상 사람의 편견일 수 있다. 뭐가 이상한가?

그 안의 조미료인 소금, MSG 등 때문인가? 이 성분들은 그 자체로 해가 없거니와, 과다하건 말건 면역성이 있는 몸의 항상성이 그 양을 적절히 조절해 나간다. 게다가 라면 성분인 탄수화물, 지방 및 단백질은 서로 호환성의 물질이다.

'입을 통하여 몸으로 들어간 음식물로부터, 몸이 필요한 영양은 스스로 취할 것이요, 넘치는 것은 저장하거나 스스로 버릴 것이며, 없는 것은 몸에 저장된 것으로 만들어 취할 것이다.' 바로 이것이 우리 몸의 항상성이다.

필자는 음식을 세끼 이상 먹는 날도 있고, 굶는 날도 있다. 한 끼로 하루를 끝낼 때도 있다. 아예 굶을 때도 있는 음식으로부터 자유로움을 누리고 있다. 필자는 라면 스프를 아예 호주머니에 넣고 다니면서, 식은 밥이라도 있으면 뿌려서 먹곤 한다. 다만,

내 옆에 마실 물만 있다면 전혀 이상한게 아니다. 매일 삼시세끼 챙겨 먹어야 하는 지난 편견에 사로잡히지 말자. 음식에서 자유로운 사람이 되자.

물과 비만, 그리고 다이어트_____

오늘날 물질문명이 꽃을 피우고 있다. 이 가운데 건강과 미용에 큰 관심 사항이 되고 있다. 특히 여성들은 날씬한 몸매를 원하고 다이어트나 운동을 통하여 목표를 이루고자 하는 노력이 처절하고 눈물겹기까지 하다. 지금까지 알려진 다이어트법이 과연 성공할지 의심스럽다. 작심 3일이라, 그럴수록 다이어트를 간판으로 내걸고 돈버는 사업이 인기몰이 하는 경우를 종종 볼 수 있다. 이는 역으로 거의 모든 다이어트법은 성공 확률이 거의 없다는 것을 의미한다.

비만의 이유는 우선 섭취한 음식의 영양이 몸속에서 소비되지 않고, 체내에 그 영양이 축적되기 때문이라고 생각하기 쉽다. 그렇다. 하지만, 단순히 여기에 근거해 체중을 줄이려고 한다면 성공하지 못한다. 평소부터 소식을 하게 되면 이 부분에 대한 걱정은 처음부터 없겠지만 오늘날의 식생활 습관으로 보면, 소식 그 자체가 어렵게 되어 있다. 게다가 비만은 고혈압, 지방간 같은 기능성 질병과 연결되어 나타난다. 의학계에서는 이를 심각하게 보고 질병 원인의 하나로 취급하고 있다.

앞에서도 설명했지만, 안타까운 사건이 하나 있다. 삼풍백화점 붕괴 사태이다. 많은 사람이 희생되었던 이런 사태가 다시는 없어야 할 사건으로 기억되고 있다. 여기서 우리는 건강에 관한 교훈 하나 있었는데, 생명의 문제이었다. 건물 붕괴 후 이제 더 이상 살아 있으리라고 생각하지 못한 시간에, 극적으로 2명이 구출되는 일이 있었다. 그 사람들은 먹을 것은 없었으나 물로 연명했다는 사실을 통하여, 물이 생명 유지의 본체로서 중요성을 일깨우는 사건이었다. 과연 어느 누가 이 사실에 큰 관심이 있었는가. 오늘날의 '물의 생명적 가치에 대한 무관심 내지 무지함'을 생각할 때, 그때까지 살아남아 있었던 것 자체만을 신기해 할 뿐이었다. 인명의 생존은 물 때문이라는 데는 별 관심이 없었을 것이다.

'다이어트의 실패'는 바로 물의 중요성을 알지 못하기 때문이다. 사람의 비만은 '체내 수분부족에 의한다'는 사실을 알지 못한다는 점이다. 우리 몸이 '물과의 조화'가 일어나면, 먹을 것도 먹으면서 날씬한 몸매를 유지할 수 있고, 비만한 사람의 경우에도 몸속 수분이 충분히 공급되면 체중은 정상으로 돌아가게 되어 있다. 수분은 생체의 항상성을 자극하여, 비정상적인 몸 상태를 바로 세우는 기능이 있다는 것은 앞에서 설명했다. 우리 몸은 '가수분해'라는 화학적 분해 작용을 통하여 영양물질을 생명 영위 에너지로 사용한다. 가수분해는 에너지를 쓰는 활동에 너무나 중요한 화학작용이며, 물에 의한 물질의 분해 작용으로 영양을 에너지로 사용한다. 생체의 살아있는 목적은 '생명 활동을 하기 위함'이기에 '물의 중요성은 절대적인 것'이다.

거듭 설명하면, '비만은 수분의 부족 상태를 의미'한다. 특히 지방 세포는 물을 많이 보유해야 한다. 체 지방의 축적은 모자라는 수분을 더 이상 체외로 나가지 않고 보유하기 위한 항상성 내지 보상작용으로 보아야 한다. 그러므로 비만을 해결하기 위하여 수분의 보충을 생각해야 한다. 그러지 않고, 억지로 운동만을 한다는 것은 오히려 식욕을 불러일으키고 수분의 일탈을 재촉하는 부작용을 낳는다.

특히, 비만한 사람은 '허기를 빨리 느끼는 등 식탐'이 많다. 식욕과 허기는 뇌의 시상하부에서 느끼는 것으로 혈액 내 혈당량 유지와 관계가 깊다. 비만형 사람은 그렇지않은 유형에 비해 식사 이후 영양의 혈당 농도가 오래 지속되지 못한다. 이는 수분 부족 상태에 있어 체내 축적 영양분의 분해가 원활하지 못한 결과, '혈당의 자가 보충'이 작동하지 않기 때문이다.

체내 수분은 여타 몸속 성분과의 사이에 '조화를 일으키는 물질'이다. 조화가 원활하면, 식사를 하지 않더라도 체내의 이동성 내지 저장성 영양이 혈중 영양 농도를 유지할 정도로 활용된다.

이 때문에 이상할 정도의 허기를 느끼지 않게 된다. 물로 배를 채우는 포만감만으로 허기가 사라지는 것은 아니다. '혈중 영양 농도가 유지될 때 허기를 느끼지 않게 된다. 건강 유지는 인위적으로 이루어지는 것이 아니다. 몸속 항상성 기능의 완전성을 통하여 건강은 내 몸 스스로 유지하는 것이다. 의사가 환자를 대할 때 항상 자가 회복력을 먼저 염두에 두라고 한다.

자가 회복력이 바로 건강이고 또한 면역력이다. 바로 체내 수분이 그 원천이었음을 반드시 숙지할 필요가 있다. 충분한 수분 섭취가 면역의 본체라는 것을 인식했다면, 올바른 다이어트로 비만을 충분히 피할 수 있을 것이다. 제대로 물의 기능을 깨달아 각종 건강 이상부터 시작되는 모든 질병을 예방하자.

물과 운동

건강 유지를 위하여 운동에 관심을 쓰지 않는 사람이 없다. 오늘날 100세 시대를 스스럼없이 언급한다. 조깅을 비롯하여 등산, 스포츠, 휘트니스센타 등 돈들여서 갖가지 운동을 한다. 모두가 건강하게 살고 싶다는 목적에서 행동한다.

그렇다. 분명히 운동은 건강에 도움 되는 것은 사실이다. 운동은 몸의 에너지 대사활동을 자극하기 때문에 혈액순환과 호흡 등에 영향을 미친다. 또한 보상성 활동에 의하여 근력도 폐활량도 상승하는 것은 당연하다. 특히 걷는 운동은 허벅지 근육을 주로 쓰게 되므로, 관절 주위 혈액순환을 도와 '무릎관절 보호'에 도움된다. 또한 운동 에너지 생산을 위하여, 축적된 잉여 양분을 소비함으로 적절한 체중 유지에도 도움된다.

그런데, 운동만 한다고 과연 건강을 유지할 수 있는가? 반드시 그렇지는 않다. 건강과 관련하여 운동이 어떻게 좋은지를 부분적 지식으로 답을 내는 것은 옳지 않다. 운동과 건강과의 관계성을 부분적으로 알고 있으면, 오히려 운동을 통하여 문제가 될 수도 있다는 사실을 모를 수 있다.

운동이란 몸이 가진 영양분을 분해하여 운동에너지로 바꾸면서 일어나는 생명 활동이다. 이러한 의미에서 생각할 수 있는 운동의 범위는 매우 넓다.

사람은 움직이는 생명체이기에 일상생활 활동 그 자체가 바로 운동인 것이다. 가벼운 운동에서 과격하고 격렬한 운동까지, 일상생활 속의 식사, 대화, 강의, 오감의 활동도 에너지를 필요로 하는 생명체 운동의 범주에 속한다. 성신적 활동도 하니의 운동의 범위에 넣을 수 있다. 그러므로 굳이 밖으로 육체의 움직임이 나타나지 않더라도 영양물질을 소비하는 생명 영위활동도 운동의 범위에 넣을 수 있다. 여기서 설명하고자 하는 운동은 일상적 생활에 움직이는 유형의 운동이 아닌, 건강 유지에 목적성을 두고하는 육체적 활동이다.

운동의 본질을 알면 운동이 건강과 관련하여 어떠한 이익을 줄 수 있으며, 어떤 부작용이 있는 것인지 알 수 있다. 여기에서 하나, 운동은 에너지를 사용해서 이뤄진다는 사실에 주목하자. 에너지의 근원이 무엇인지 알 필요가 있다. 에너지의 근원으로 우리는 무엇을 생각하고 있는가. 이성의 도구를 작동시키면 지금 우리가 생각한 그대로인가? 말하자면, 영양분이나 영양소의 정의라면, 3대 영양소 또는 7대 영양소 그 자체인가?

영양소를 운동 에너지로 전환하려고 하면 반드시 거쳐야하는 관문이 있다. 수분의 허락을 얻어야 한다. 말하자면 운동에너지를 얻으려면 가수분해 과정을 거치지 않으면 안 된다.

잘 알다시피 가수분해hydrolysis란 말그대로, '물을 가하여 분해한다' 뜻이다. 물을 소비하여 물질을 쪼개는 생화학적 작용이다. 무엇을 분해하는가? 지금까지 정의하고 있는 영양분들을 분해한다. 에너지 생성 그 자체를 위하여 물, 즉 운동에서 수분의 소비는 필수불가결 조건이다.

여기서 중요한 대목을 깨달을 수 있다. 모든 에너지 소비활동에는 물이 없으면 이루어지지 않는다. 역으로 몸속 수분은 '에너지 생성 활동으로 사라진다'는 점이다.

모든 생명의 영위 활동에는 수분이 주체가 되어 있다. 이어 '부영양소인 탄수화물, 단백질, 지방 등의 물질'이 필요하다. 몸속에서 수분의 충분한 보조가 없으면, 운동은 오히려 역효과 내지 수분의 일탈을 초래하는 부작용이 발생한다.

말하자면, 운동은 수분의 부족을 조장하는 일이 될 수 있다. 환자, 특히 고혈압, 당뇨, 관절염 및 암 환자 등에게는 수분의 중요성을 모른다면, 운동은 오히려 역효과를 초래한다. 즉 운동으로 증상을 더욱 악화시킬 수 있다.

물과 소금기, 그리고 콜레스테롤_____

오늘날 건강과 관련하여 이것 저것하지 마라, 아니면 이러저러 하면 건강에 좋다는 말들이 나온다. 그런데 같은 질병을 두고도, 그 내용이 서로가 다른 것이라면 혼란이다. 서로의 주장일 뿐 근거가 없거나, 근거가 약하다는 것이다. 게다가, 질병에 적절히 대처하지 못하는 의학계의 현실을 말하기도 한다.

소비자들에게 혼란을 초래하는 것 가운데 으뜸은 염분이다. 필자는 이 말에 간섭하기 어렵고 무섭기도 하다. 모두가 건강을 위해 염분 섭취량을 낮추라는 것이 상식으로 통용된다.

무기염류Ca, P, K, Na, Cl, Mg, Fe, I, F, Cu, Zn, Co, Mn는 비타민, 다음으로 취급하여 5대 영양소라고 하는데, 여기에 소금염분, 즉 주성분인 NaCl이 들어있다.

그런데, 왜 유독 염분을 낮추라는 것인가. 이는 '고혈압과 골다공증을 중심으로 한 질병의 원인이 된다는 학자들의 연구를 통한 부분적 지식' 때문이다. 아직도 면역을 모르는 '의학계의 무지에 따른 편견'이라는 것을 이번 저작을 통해 소비자들에게 알리고자 한다.

앞에서 이미 고혈압은 단순히 '물의 만성부족 상태에서 온 적응증'이라고 설명하였다. 그러므로 고혈압과 골다공증 등은 염분과는 직접적인 상관성이 없는 질병들이다. 오히려 '염분 섭취를 제한함으로 고혈압을 악화'시키고 있다는 사실에는 캄캄하다. 더구나 혈압을 낮추기 위해 '칼슘저해제와 이뇨제를 처방하고 있다. 이는 응급용에 불과한 처방이며, 증세의 일시적 호전을 가져온다. 그러나, 질환의 근본 원인인 수분 부족임을 찾지 못하게 한다. 오히려 고혈압 상태를 점점 악화시키는 처방이다.

하지만, 몸속 수분의 기능을 모르는 의사로서는 최선을 다하고 있는 셈이다. 약물 처치는 고혈압의 근본 원인이 물 부족이라는 사실을 전혀 모르는 상태에서 하는 응급처치에 지나지 않는다.

소금물에서 심장이 박동한다는 것을 상기하자. '생리식염수生理食鹽水'라는 말이 있다.

몸은 소금물, 즉 염수 속에 담겨져 있다. 다시 말해 염기가 부족하면 문제가 생기는 것이다. 이는 삼척동자도 아는 이치이다. 이러한 이치를 부정하는 처사가 바로 이 소금을 제한하는 것이다. 게다가, 몸속 수분의 기능을 무시하는 처사이다. 우리가 음식을 짜게 먹으면 자연히 물을 찾게 된다. 몸에 염분이 들어오면 바로 물이 필요하다. '소금먹은 놈이 물켠다'는 속담처럼, '소금이 없으면, 몸에 물이 도입되지 않는다'는 뜻이다. 이는 '물은 소금에 의하여 조절된다'는 뜻이다.

면역의 본체인 물이 체내에 제대로 도입되기 위해서는 염분을 절대 낮춰서는 안 된다.

생체는 항상성으로 인해 환경에 적응하려고 노력한다. 물이 몸속에 유입되는 대로 적응하고, 물이 부족하면 부족한대로 적응한다. 그러므로 수분의 만성결핍 상태에 적응된 사람은 물이 목으로 잘 넘어가지 않고, 마시기를 꺼려한다.

말하자면, 물이 목으로 쉽게 넘어가지 않는 사람은 이미 수분 부족에 빠져 있다.

이런 유형의 사람은 이미 고혈압, 당뇨 같은 심각한 질병에 노출되어 있거나, 아니면 기능장애가 있어도 느끼지 못할 수도 있다. 이런 상황에서 염분 섭취까지 제한하면 더욱 악화 일로를 걸을 수밖에 없다.

앞에서도 설명한 바와 같이 물이 제1 또는 주영양소가 되어야 한다면, 생체에서의 염분은 물과 같이 취급되어, 서로 떼어놓을 수 없는 영양소의 하나이다.

염분은 물의 체내 섭취만 돕는 성분이 아니다. 염분은 음식에 맛을 내어 구미를 돋우어, 음식의 섭취를 좋게 한다. 염분과 물은 나머지 영양소의 원만한 체내 유입을 돕는 절대적인 생명의 가치를 가지고 있다. 최근에는 가정이든 식당이든 염분을 제한하여, 음식의 맛까지 떨어지게 하고 있다. 참 한심한 양상이다. 염분을 충분한 양으로 섭취하여야 물의 섭취가 원만할 수 있다. 이 덕분으로 물 외의 다른 영양분까지 부족하지 않게 골고루 '자기조절'할 수 있다.

고혈압의 원인이 된다고 하는 염분에 대한 편견적인, 부분적인 지식으로 건강을 지킨다고 애쓸 것이 아니다. 염분의 도움으로 받아들인 물이 면역의 본체로서의 가치를 인식하여, 충분한 수분으로 지켜지는 건강을 찾아야 한다. 물을 많이 마시도록 의사의 지시대로 따른다면, 건강할 수 있다는 생각은 버리는 편이 좋다.

의사는 건강 전문가가 아니다. 자신의 전공인 한 장기의 스페셜리스트에 지나지 않는다는 점이다. 원래 의사나 임상 교수들이 말하는 '몸에 좋다'는 말은 자신의 전문 분야 특히 자신이 전공한 장기에 좋다는 것을 의미한다. 순환기내과 의사가 콜레스테롤 수치를 낮추라고 말하는 것은 심근경색으로 죽는 사람이 줄기 때문이다. 그러나, 실제로 콜레스테롤의 저하는 면역 기능을 저하시킨다. 이는 역으로 암으로 사망하는 사람이 증가한다는 의미와 같다.

전체적으로 보면 콜레스테롤이 높은 사람이 비교적 장수한다는 조사 결과가 다수 나와 있으며, 그 반대는 거의 없다. 호흡기 내과 의사는 호흡기 건강을 위해, 소화기 내과는 소화기 건강을 위해 환자를 진찰하고 있는 것에 불과하다. 전문가의 수분 함량에 대해 몸에 좋고 나쁘다고 말하는 것은 자신이 전문으로 하는 장기에 있어서 좋은지 나쁜지를 말하는 것뿐이다.

다시 말해 건강에는 전문적인 의사는 없다. 인간의 몸 전체를 보고 수분 함량이나 물 섭취 등을 어떻게 하는 것이 몸에 좋고 어떻게 하면 몸에 나쁜지 말해주는 의사는 거의 없다는 말이다. 자신의 해당 분야에서만 그렇다는 점이다.

스페셜리스트 의사에게 조언받는 것보다는 목이 나쁠때 마시는 것이 효과적이다. 대학교수라는 직함을 가진 전문의사를 그다지 신용하지 않는 편이 좋다. 그들은 전형적인 스페셜리스트이며 물과 건강을 다루는 경험이 적은 의사가 많다. 물과 관련된 의학적 상식이나 건강 상식은 시시때때로 연구가 진보하면서 날마다 바뀌어 가는 것이다.

동맥경화의 예방을 위해 염분을 억제한다는가 하면, 저나트륨증에 걸리기 쉽다. 콜레스테롤이나 혈당을 억제하는 등의 식사 제한을 하는 사람들이 많다. 지금 의학 수준에서는 염분을 많이 섭취하는 쪽이 나쁜지 적게 섭취하는 쪽이 나쁜지는 모른다. 어느 쪽이 심근경색에 위험한지 아무도 모른다. 이 때문에 혈압이 높으면 어느 쪽이라도 수치를 낮춰 예방해야 한다.

하지만, 내버려 두어도 괜찮은 사람이 있다. 지금까지 일률적으로 혈압을 낮추기 위해 염분 섭취를 적게 한다는 사고방식 자체가 시대에 뒤쳐진 것이다. 의학적 상식이란 불완전한 발전 도상의 학문이기 때문이다.

필자가 임상 차원에서 노인들의 체액을 검사한 결과에 따르면, 일반적으로 노인들의 세포내액(수분)이 상당히 부족한 상태를 발견했다. 젊은 사람들은 코로나 바이러스에 감염되더라도 증세가 잘 나타나지 않는다. 그 이유는 수분, 즉 체액이 충분한 선천적인 면역력 때문이다. 반면, 노인들은 면역력이 약화되어 있다. 세포 내 체액, 즉 수분 부족으로 인해 초래된 것이다. 따라서 면역력이 떨어지는 노인들이 바이러스에 감염되면 중증 내지 심하면 사망에 이르기도 한다.

노인들은 나이듦에 따라 항상성 반응이 약화된다. 자율적으로 체액을 조절하는 능력, 즉 예민도 역시 둔화된다. 이런 감각이 둔화되면, 생체활동에 필요한 적절량의 수분 보충이 제대로 되지 않는다.

필자가 짐작하건대 60세 이상의 노인들은 대부분 2~3L 정도의 체액이 결핍된 상태에 놓여있다. 노인들은 나이듦에 따라 생리학으로 변화된 생체 환경속에 놓여 있다. 즉 폐포 세포 내 수분이 부족해지고 있다. 이는 노인들의 폐의 선천적 면역력을 약화시킨다. 면역력이 다른 장기들보다 훨씬 떨어져 있다. 이는 바이러스의 기생을 더욱 용이하게 만들며, 폐포의 손상이 가속화 되면서 생명까지 잃게 된다.

물과 당분, 당뇨병

당분은 식품 가운데서도 가장 많이 접하는 성분이다. 당분의 복합체가 탄수화물이다. 탄수화물이 분해되면, 단당류, 이당류 그리고 다당류로 바뀐다. 우리가 일상으로 섭취하는 각종 식품을 통하여 몸 속으로 들어오는 '건강에 필요한 물질'이다.

단당이나 이당류는 바로 장을 통하여 흡수되어 혈중으로 이동한다. 속설에 '설탕을 많이 먹으면 당뇨병에 걸린다'라는 말도 있다. 당뇨병과 관계가 있는 물질이지만, 잘못 알고 있는 것이다. 당류는 문제를 일으키는 존재가 아니다. 과도한 당분은 췌장의 인슐린 분비를 자극하고, 남은 당분은 지방산으로 바꾸어 지방으로 저장된다. 여기까지는 무난한 이야기다. 그런데 질병과 관련

짓기 시작하면 이야기는 여기에서 끝나지 않는다. 심지어 달게 먹는 습관이 암세포를 활성화시킨다는 연구까지 나왔다. 이쯤되면 아예 설탕을 보면 무서워한다. 이것을 또 TV뉴스까지 마구 쏟아지면서 일반인까지 세뇌시킨다. 이런 현상은 모두 인체 스스로 과한 당분을 극복하는 면역의 실체를 모르고 불거지는 상황이다. 설탕은 미네랄이 없는 순수한 형태의 자당이다. 체내 무기질 관계를 교란하여 몸의 균형을 깨뜨리는 주범이라고 지적한다.

당뇨병이란 오줌 속에 당이 섞여 나오는 것을 통해 당뇨병에 걸렸음을 비로소 확인한다. 이미 몸속 어딘가 망가져버린 상태에 있다. 혈당을 낮추는 역할을 하는 생체 호르몬인 인슐린의 분비 또는 수용에 장애가 발생해 혈당치가 높아지는 대사질환이다. 인슐린 분비가 정상적으로 이루어지지 않는 당뇨를 1형 당뇨, 정상적으로 분비가 되어도 수용체에 문제가 생기는 것을 2형 당뇨로 칭한다. 두 가지 당뇨는 혈중 포도당 농도(혈당 수치)가 높아지는 결과만 동일할 뿐, 발병 매커니즘은 별개의 질환이라고 볼 수 있을 만큼 확연한 차이를 보인다. 고혈당은 전신의 혈관과 조직을 손상시켜 다양한 합병증을 불러 일으키는 무서운 질병이다.

특히, 높은 혈당으로 인해 췌장의 인슐린 과다분비도 논란거리다. 필요 이상의 인슐린이 물질을 지방산으로 바꾸어 비만을 야기한다고 말한다. 이런 과잉 지방이 혈관 내벽이 쌓여, 심장병과 뇌졸중 등으로 이어진다. 그러나, 이는 기우에 불과하다. 부분적

인 지식으로 연결시킨 그야 말로 편견에 싸인 사사로운 주장을 섞은 연구논문이라고 지적하지 않을 수 없다. 흔히 '논문쓰고 있네'라는 말이 있다. 이야기를 꾸민다 내지, 자작극이다 등으로 비꼬는 말이다.

거듭 상기해본다. 과도한 당분이건, 염분이건 그 해로움에 대한 주장은 부분적이며, 편견에 쌓인 단편적 지식이라 지적할 수밖에 없다. 생체의 면역력을 아직 깨우치시 못한 일부 힉게의 부분적이며 편견적인 지식의 산물이랄 수밖에 없다.

개개인 면역력에 문제가 없다면, 몸속에 들어온 당분은 자가조절 내지 조화를 통해 스스로 조절된다. 몸속 수분이 충만할 경우, 수분은 기능을 완벽히 수행한다. 다시말해, 마치 구조물의 볼트나 너트의 구실을 하듯이, 물 분자나 수소결합 형태를 통해 생체 기능의 조화를 이끌어 낸다.

당분은 생명 내지 생명활동을 위한 에너지 생산의 기질로 쓰일 뿐이다. 남으면 글리코겐 형태로 저장되거나 필요한 에너지로 쓰이기 위하여 지방산이나 아미노산으로 바꾸어진다. 혈중 내 과다한 인슐린의 분비는 문제가 안된다. 앞서 설명에서 지적하였듯이 당뇨병도 '몸속 수분부족에 기인한 적응증의 하나'라는 점이다. 당분과 질병의 연관성을 만들어 주장하는 것은 이치에 맞지 않은 것이다. 몸속 수분이 부족해 몸의 자기조절 기능이 마비되었기 때문이다.

따라서 물을 충분히 마시면서, 우리 몸의 자기조절 능력을 회복하는 조치가 필요하다. 아울러 전문의와 상의하여 우선 응급조치와 처방을 받은 이후, 충분한 수분 섭취를 통해 자기조절 능력을 회복해야 한다.

부분적인 주장을 전체의 견해인양 조장해서도 안된다. 식품을 통해 당분을 섭취하는 것에 대한 두려움 내지 공포감을 조장하는 것은 안된다. 오히려 사람들로 하여금 분별있게 당분을 즐기도록 해야한다. 물이 면역의 본체라는 것을 인식했다면, 당뇨 환자는 애초에 없었을 것이다. 환자에 대한 임상적 처치의 측면에서 당분 섭취 제한을 권고하는 것이지, 수분을 제대로 섭취하는 건강한 일반인에게까지 공포감을 심어줄 필요는 없다.

물과 질병의 상관 관계

이제부터는 몸속 수분이 부족하기 때문에 질병이란 말이 생겼다는 것을 이치적으로 알아가야 한다. 맑은 물이 몸에 좋다고 해서 무조건 많이 마시는 것은 삼가야 한다. 대개 물을 천천히 마시는 것이 효과적이다. 그런데 효과적으로 적절히 마신다는 것이 무엇인가? 물을 많이 마시라고 권장하는 질환과 제한하는 질환이 따로 있다. 질환으로 인해 대사 기능이 떨어져 혈액 순환, 노폐물 배출 능력이 저하된다면 물을 멀리할 필요가 있다고 의학에서는 이야기 한다. 이것은 단순히 물을 액체로만 생각하기에 나온 말이다.

다만 적절한 분량의 수분 섭취를 해야 한다고 할 수 있는데 그것이 바로 물에 몸을 서서히 적응시켜 나간다는 뜻이다. 반대로, 순환과 배출을 촉진해야 한다면 물을 많이 마시는 것이 좋다고 하는데 적응이라는 말로 이 두가지에 부합되는 답이 될 것이다.

먼저 물마시기를 제한하는 질환이 있다고 한다. 이는 과학적인 수준에서 나온 의학 정보이다. '갑상선기능저하증'이라고 알려져 있는데, 증세가 심하다면 수분 섭취를 제한해야 한다고 까지 말하는데, 게다가 갑상선기능저하증 환자는 수분 배출이 잘 안된다.

갑상선기능저하증 환자가 물까지 많이 마시면 혈액 속 나트륨 수치가 떨어지는 저나트륨혈증으로 이어진다. 저나트륨혈증은 두통, 구토, 피로, 의식 저하 등을 유발한다. 나트륨 수액 주사를 맞는 것으로 증상을 완화할 수 있다. 갑상선기능저하증 환자는 수분 섭취를 하루 1L 미만으로 제한하는 것이 좋다. 다시말해 몸 속 대사작용에 딱 필요한 분량만 마시면 된다.

두번째, 심부전을 들 수 있다. 심부전으로 심장 수축 기능이 떨어지면 심장에서 빠져나가는 혈액량이 줄어든다. 따라서 몸 구석 구석 퍼져야 할 혈액이 말단 조직까지 도달하지 못하고 정체된다.

이때 우리 몸은 일종의 보상 기전으로 물을 마시지 않아도 혈액량을 늘리고, 혈압을 높인다. 물을 마시면 혈액량과 혈압이 더 높아져, 모세혈관 속 수분이 압력이 낮은 폐와 뇌 등으로 흘러 들어갈 수 있다. 조직, 장기 등에 물이 고이면 부종으로 이어진다. 마찬가지로 심부전 환자도 하루 1L 이내로 물을 마시는 것이 좋다.

셋째, 신부전을 들 수 있다. 콩팥 기능이 크게 저하뒤 신부전 환자도 수분을 제대로 배출하지 못하기 때문에 수분 섭취를 줄여야 한다.

물을 많이 마시면 혈액량, 체액량이 늘어 마찬가지로 폐부종으로 이어질 위험이 있다. 지방조직에도 물이 고여 피부가 쉽게 부을 수 있다. 특히 다리에 증상이 잘 나타난다. 신부전의 경우 보행이 어려워지고, 피부 감염에 취약해질 수 있다. 중증의 심부전 환자라면 하루 1L 안팎으로 물을 마셔야 한다. 혈액 투석을 받을 정도로 심하다면 3~5컵(1컵 = 200㎖) 정도가 적당하다.

넷째, 간경화를 들 수 있다. 간 기능이 떨어지면 알부민이 잘 생성되지 못한다. 혈액 속 알부민 농도가 낮아지면, 수분이 각 장기에 배분되지 못하고 혈액에 남기 때문에 혈액 속 수분 함량이 높아진다. 늘어난 수분은 복강으로 흘러 들어가서 배에 복수가 찰 수 있다.

다섯째, 부신기능저하증이다. 부신기능이 저하되면 부신호르몬인 알도스테론, 코르티솔 등이 적게 분비된다. 이때 물을 많이 마시면 수분과 염분의 원활한 배출이 어려워, 저나트륨혈증, 고칼륨혈증 등 전해질 불균형이 생길 수 있다.

이어 물을 충분히 마셔야 하는 질환에 대해 설명한다.
먼저 폐렴·기관지염을 들 수 있다. 폐렴이나 기관지염 등 호흡기 질환에 걸리면 열도 오르고 호흡도 가빠져 피부와 호흡기를 통한 수분 배출이 많아진다. 호흡기가 마르면 자극도 심해진다. 지속해서 미지근한 물을 조금씩 마시는 것이 증상 완화에 도움이 된다.

이어 고혈압·협심증이다. 혈액 속 수분이 부족하면 혈액이 끈적해진다. 일명 피떡이라 불리는 혈전이 잘 생성된다. 혈액 흐름도 늦어져 혈관 벽에 지방, 혈전 등이 쌓이게 될 가능성도 커진다. 이는 심근경색으로 이어질 수 있다. 따라서 고혈압이나 협심증이 있는 사람은 하루 1.5~2L의 물을 마시는 것이 좋다. 이상지질혈증 단계부터 물을 충분히 마시는 습관을 들이면 협심증으로 진행되는 것을 막을 수 있다. 단, 염분은 하루 5~6g 정도로 제한해야 한다.

염증성 비뇨기질환도 물을 자주 마셔야 하는 질병이다. 요로감염, 방광염, 전립선염 등 염증성 비뇨기질환이 있을 땐 소변이 마려울 정도로 수분을 많이 섭취해야 한다. 소변으로 염증 유발물질을 배출시켜야 한다. 충분한 물 섭취는 요로결석이 형성되는 것을 막고, 생겼을 때도 결석이 잘 빠지도록 도와준다. 자신의 하루 소변량보다 500mL 이상 더 마셔야 한다.

특히 당뇨환자의 경우 물을 많이 섭취해야 한다. 신부전 합병증이 없는 당뇨병 환자는 수시로 물을 마시는 것이 좋다. 혈당 상

승 억제를 도와줄 수 있다. 특히 갈증을 잘 못 느끼는 노인 당뇨병 환자는 목이 마르지 않아도 두 시간에 한 번씩 의식적으로 물을 마시는 것이 좋다.

일반적으로 간에 공급되는 혈액과 영양소는 간정맥과 간동맥, 간문맥 등을 간에 저장 비축되거나 다른 성분으로 변화되어 저장된다. 이 과정에서 수분의 역할과 기능은 절대적이다. 수분이 필요량보다 만성적으로 부족해지면, 각종 질병을 유발하게 된다.

뇌 건강에 필수적인 수분

우리 몸은 간과 신장, 피부 등의 세포가 세포분열을 하고 있어 시간이 지나면 새로운 세포로 교체된다. 뇌 신경세포에 iPS 세포를 이식하고 세포분열이 일어나 새로운 뇌신경 세포가 만들어질지는 알 수 없다. 아직 연구가 진행중이다.

만약, 새로운 뇌 신경세포가 태어나고 오래된 세포를 바꿀 수 있다고 가장하면 어떻게 될까. 이는 지금까지의 정보가 입력되지 않은 새로운 뇌가 되어 버린다. 당연히 새로운 신경세포가 생겼다면 지금까지의 데이터를 베끼는 기술이 필요해진다. 하지만, 지금으로선 그러한 기술의 실현이 불가능하다. 치매 등은 뇌 속

단백질 변성 등의 어떤 변화가 일어나는 현상이다.

이를 분석 해명해서 재생된 새 뇌신경세포로 이제까지의 데이터를 입력시키는 것이 언젠가는 가능하게 될지도 모른다. 하지만, 이는 훨씬 나중의 일이 될 것이다.

뇌의 노화에 따른 알츠하이머 질환에 대해서도 세계적으로 많은 사람들이 연구에 몰두하고 있다. 아직까지 확실한 치료법은 알려져 있지 않다.

아직 가설 단계이지만, 뇌 속에서 아밀로이드라는 물질이 쌓여 알츠하이머병이 발병한다고 알려져 있다. 아밀로이드의 생성, 축적을 멈추는 약을 개발할 수 있다면 근본적인 치료법이 될 것이다. 그러나 이 치료약의 임상 실험은 20년, 30년 전부터 실행하고 있다. 동물 임상 실험에서는 다소 성공한 예도 있는 것으로 보고되고 있다. 하지만, 인간 대상의 임상 실험에서는 거의 성공하지 못해 연구에 투자해 온 기업들이 속속 철수하고 있는 실정이다. 즉, 뇌의 노화를 멈춘다는 것은 그만큼 어려운 일이다. 85세 이상의 노인 중 알츠하이머성 치매증상이 뇌에 보이지 않는 분은 없었다. 그 정도의 나이가 되면 뇌는 확실히 늙어간다. 경중의 차이는 있겠지만, 85세가 지나면 모두 뇌가 병드는 주요인으로 알츠하이머성 치매가 보통이다.

사람 수명이 향후 100세 가까이 연장된다는 사실은 불균형을 초래하기 십상이다. 신체는 어느 정도 건강이 유지되지만, 뇌 건강은 그렇게 유지할 수 없다는 불균형이다. 결과적으로 치매 등과 함께 보내는 노년 기간이 길어진다는, 끔찍한 만년이 기다리고 있다는 말이다.

1960년대만 해도 알츠하이머성 치매에 걸리면 5, 6년 만에 죽는 병으로 모두 알고 있었다. 그러나, 지금은 이 병에 걸려도 10년 동안 생존하는 것은 보통이다. 앞으로는 더 길어질 것이다. 비관적으로 설명한다면, 수명이 점차 연장되는 향후 선택지는 두 가지다. 아직도 석연하게 해명되지 않은 질병으로 일찍 사망하거나, 100세 근처까지 장수하면서도 근근이 목숨을 이어가는 것 둘 중 하나라는 것이다.

사람은 병이 들면 원인을 알기 위해 의사를 먼저 찾는다. 이 과정에서 환자들은 물의 중요성을 직·간접적으로 깨닫게 되는 경우가 많다. 치매는 나이 먹고 늙어서 생기는 현상이 아니다. 치매는 물을 잘 마시지 않아서 생기는 병 중 하나다. 우리 몸은 참으로 과학적이고 오묘하다. 몸속에서 수분이 부족해지면 수분없이 살 수 있는 부분부터 물 공급을 줄여 나간다. 그럼 신체 가운데 어디가 먼저 늙어 갈까. 바로 피부이다.

피부에 수분이 말랐다고 생명을 잃지는 않는다. 수분 부족 현상이 계속되면 어느 부위부터 물을 줄여나가는가. 장기이다. 이때 50~60대에 해당한다. 이 시기에 대부분 몸이 구석구석 아파지는 이유도 물이 부족해서 누적되기 때문이다. 계속 물을 보충

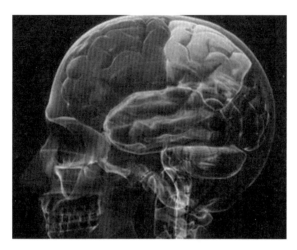
뇌신경 학자들은 인간 뇌를 크게 4부분으로 구분한다

하지 않으면, 최종적으로 뇌에 수분 공급이 잘 되지 않는다. 뇌가 아프기 시작한다. 그래서 나이가 들면 가장 흔한 질환이 치매나 알츠하이머병 등 뇌 질환이다. 나이가 들면 물이 별로 마시고 싶어지지 않는다. 뇌에서 갈증을 느끼는 부분의 기능이 점점 퇴화하기 때문이다.

몸속에서 물이 부족하면 만병의 근원이 된다. 반대로 물만 잘 마셔도 질병 80%는 신체 스스로 회복하는 능력을 갖고 있다. 수분을 충분히 공급하면, 치매 예방은 물론 치매의 진행 속도까지 늦출 수 있다.

그런데, 물을 마시려해도 먹히지 않는 경우가 있다. 나이 드신 어른들이 물 한 모금 못 마시는 경우가 많다. 이는 물과 인체의 밸런스가 잘 맞지않아 일어나는 현상이다. 수분은 인체 활동의 밸런스를 조절하는 기능을 갖고 있으며, 중요한 성분 가운데 하나다. 차가운 물보다는 상온의 물만 마셔도 건강을 돌볼 수 있다. 냉수는 몸의 체온을 떨어뜨린다. 체온이 1도 떨어질 때마다 면역력은 30%, 기초 대사력은 12% 가량 떨어진다.

암 세포는 저체온에서 활성화 되고, 고체온에서는 활동을 아예 하지도 못한다. 물을 상온에 놓고 마시는 습관부터 가지면 면역력도 대사력도 모두 호전된다. 물을 마실 때 일어나는 신체의 변화를 보면 알 수 있다.

첫째, 두뇌의 회전력이 향상된다. 수분이 충분히 공급되면 뇌는 더욱 좋은 쪽으로 활동한다.

뇌 활동에는 많은 양의 산소가 필요하다. 수분은 가장 많이 산소를 공급해주기 때문에 뇌 활동에서 수분의 역할은 대단히 중요하다. 물을 자주 마시게 되면 두뇌의 반응이 빨라지고 집중력과 창의력이 높아진다. 충분한 수분이 공급되면, 두뇌의 인지 능력이 30% 이상 향상된다는 연구결과도 있다.

둘째, 원활한 수분 공급의 경우 피부가 깨끗하다. 보통 피부가 어두운 사람의 생활을 살펴보면, 불규칙적이거나 질서가 흐트러지는 경우를 볼 수 있다. 수분을 제때 공급하지 못한다는 의미다. 물은 노화를 늦춰주고 피부를 깨끗하고 맑게 해주는 역할에서 탁월하다. 깨끗한 피부와 동안을 갖고 있는 사람들을 보면 대개 물을 잘 마신다. 탈수증상에 동반되는 두통과 소화불량도 사라지니 얼굴 피부도 밝아지는 것이다.

셋째, 체중 조절이 가능하다. 하루 3ℓ의 물을 마신 사람은 한 달 동안 2kg을 감량하고 허리 사이즈도 줄어든 현상을 볼 수 있다. 이는 몸의 기능을 회복하는 데에 도움을 주고 면역력을 높여 주기 때문이다. 적당한 양의 물을 섭취하면 간과 신장의 기능을 도와주고 혈액에서 독성 물질과 나트륨을 배출하는데 효과적이다.

수분 부족이 뇌 건강에 미치는 영향_____

물 한 병을 들고 다니면서 하루 동안 마셔본다. 하루에 물 8잔을 마셔야 한다고 스스로 강박하지는 말자. 꾸준히 체내 수분을 채우는 습관을 들여야 한다. 작은 노력이지만 그만한 가치가 있다. 온종일 수분을 보충하는 것이 가장 좋은 방법이다. 매 시간마다 한 모금씩 물을 마시면 피로가 줄고 한 번에 물을 잔뜩 마시지 않아도 된다. 또한 신체 내외부 균형을 맞출 수 있다. 물을 챙겨 마시면 신장, 간, 심장 등의 건강이 좋아진다. 그보다도 물이 뇌 기능에 미치는 효과는 훨씬 크다.

뇌는 에너지를 가장 많이 필요로 하는 기관이며 물 구성비는 최소 75% 이상이다. 뇌 기능을 유지하려면 수분이 다량 필요하

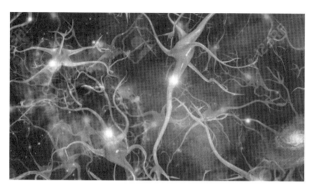

사진: 인간 뇌가 작동하는 순간의 모습
해당부위별로 신경세포들이 수많은 전기신호를 상호 주고받으며 판단한다.

다. 하루에 평균 7~8잔의 물을 마셔야 한다고 하지만, 각자 신체 활동 수준에 따라 필요한 수분량은 달라질 수 있다.

특히, 수분은 뇌기능 활성화와 가장 관련이 깊다. 뇌가 제대로 작동하려면 적절한 수분 공급이 필수적이다. 뇌세포가 활동하는 데는 물과 다른 요소들이 섬세하고 정확한 균형을 이뤄야 한다. 아침 기상하면 먼저 물을 마셔야 한다. 잠에서 깬 직후가 뇌에 수분을 공급해야 하는 시간대이다. 보통 7~9시간 자면 땀을 흘리지 않았더라도 체내 수분이 줄어든다.

잠자는 동안 깊이 숨을 쉬면서 수분을 배출하므로 아침에는 뇌에 탈수 현상이 생긴다. 뇌 기능을 활성화하고 싶다면 물과 과일을 섭취하도록 한다.

뇌 집중력 향상에는 수분이 최고 성분이다. 수분이 공급되면

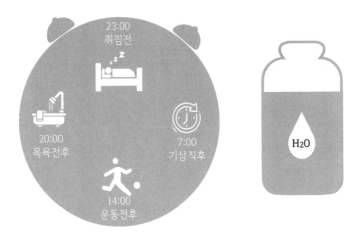

뇌로 향하는 혈류가 늘어난다. 그러면 뇌 산소와 영양소를 충분히 공급해준다. 대개 탈수 현상에 별로 신경 쓰지 않는다. 극단적인 상태가 됐을 때만 알아차린다. 어지럼증이나 피부가 찢어지게 건조해졌을 때만 수분이 부족하다고 느낀다. 이는 나이가 들어갈수록 더욱 그러하다.

뇌는 수분 부족 현상을 제일 먼저 감지한다. 커피나 홍차를 마시면 잠깐 도움이 될 수 있지만 온종일 이러한 음료를 마셔서는 안 된다. 집중력이 감소하는 매 45분마다 한 번씩, 물 한 모금을 마시면 좋다.

물은 신체의 감정 균형 유지에 필수적이다. 물과 정신 건강과 관련이 있다는 것이 이상하게 들릴지도 모른다. 바닷가에 가고 싶을 때가 있다. 바다를 바라보고 바람을 느끼면서 파도 소리와 바닷냄새로 긴장이 풀릴 때가 있다.

이처럼 바다를 바라보고 느끼는 것 외에 우리의 정서 세계도 마시는 물에 영향을 받는다. 물을 마시면 뇌 온도가 올라가고 독소와 죽은 세포를 제거한다. 정서적 재가동, 즉 정서 균형을 취하는 화학적 균형에 도달하도록 돕는게 수분이다.

그렇다고 물을 연거푸 2잔 마신다고 해결되지는 않는다. 항상 뇌의 수분을 유지하는게 중요하다. 물을 한 모금씩만 마셔도 세포가 활성화하며 스트레스와 불안을 조절한다.

잠이 보약이라는 말이 있다. 숙면을 취해야 한다는 것이다. 물이 숙면에 큰 도움을 준다. 잠자리에 들기 전에 물을 조금 마시면 한밤중에 화장실을 가게 될 수도 있지만, 몸에는 좋다.

물 반 컵이라도 자기 전에 마시면 좀더 숙면을 취할 수 있다. 수분은 또한 기억력 개선에 도움을 준다. 아무리 가벼운 탈수 현상도 즉각적인 항상성 불균형을 야기한다. 기능 장애가 시작된다. 이러한 장애는 생존에 영향을 미친다. 그중에는 인지 민첩성 감소 증상이 두드러진다. 무언가를 기억하기 어려워지며 정보 추론이나 오래된 기억을 상실할 수 있다.

물과 기대수명

 사람은 몇 살까지 살 수 있을까. 요즈음 '100세 인생'을 노래하고 있다. 제약업계에서는 진시황이 찾던 불로영생약을 운운하고 있다. 제약업자들은 수명을 잡고 있는 '텔로미어'라는 유전자를 조작하면 불가능하지 않다고 과장하고 있다. 석가세존도 생로병사의 비밀을 찾고자 고행하며 깨달은 것이 불경이다. 기독교도 예수 그리스도로 말미암아 천국과 영생을 이야기하고 있다. 건강하게 오래 살고 싶은 것은 진정 보통 사람의 영원한 염원이라고 말 할 수 있다. 솔직히 일찍 죽고 싶은 사람이 어디 있겠는가? 옛날 같으면, 나이 60세를 넘기기 어려웠다. 하지만, 요즘 거의 100세를 넘겨 장수를 누리는 분들을 가끔 볼 수 있다. 요즘 시골에서는 90세를 넘겨 장수하는 어르신들을 적지않게 볼 수 있다. 시골에서 트랙터를 몰면서 아직도 농사일 하는 분들이 정정하게 살아계시곤 한다. 이것이 과연 오늘날 의학 덕분인가. 그렇지 않다는 것이다. 어쨌든 오래 살더라도 건강 걱정 없이 사는 것이 복이다.

 이제 '누구나 건강하게 살 수 있는 답'을 찾았다. 그것이 '생명의 실체이며, 면역의 실체인 수분이다. 우주가 질서 속에 있어 문제없이 유지되고 있다. 유성 충돌이니 혜성 충돌 같은 소리를 하고 있지만 반드시 우주적 질서 속에 있을 것임은 바른 이치다. 마찬가지로 우리 몸속 조화도 이와 같을 것이다. 몸속 기능 발휘의 주체는 바로 수분이다. 수분의 기능이 건강한 수명을 보장할 것이다. 건강은 각종 수술과 약이 보장하는 것이 아니다. 사람의 수명이 각자마다 다른 것은 이 체내 수분의 함량 차이때문이다. 100세 이상 오래 살지 않더라도 질병에 대한 더 이상의 걱정과 두려움이 없이 살수 있다는 것 자체만으로도 행복한 미래를 설계할 수 있다. 옛 이야기이지만 우리의 조상 김수로왕과 허 황후(허황옥) 두 분만 해도 150수를 넘겼다고 전해진다. 그런데, 과학기술이 이토록 발달한 오늘날 우리는 왜 이렇게 되었는가. 아마도 수분의 중요성을 잃었던 시대였기 때문일 것이다. 의학이 생긴 후 사람의 수명은 점차 단축되어 간 것은 현대 생활의 각종 스트레스와 술을 비롯한 각종 음료가 체내 수분 고갈을 부추겼기 때문이 아닐까.

수분 부족과 세포의 변성

물이 직접적인 예방·치료 효과를 보이는 질병은 없다. 다만 몸속에서 물은 면역력을 높이는 작용을 한다. 물을 충분히 마셔서 인체 세포 내 수분 양을 알맞게 유지하면 세포 저항력이 높아진다. 저항력이 향상되면 각종 세균과 바이러스 등의 침입이 억제되고, 몸속 유해물질의 배출이 원활해진다.

다시 말해 몸의 대사작용, 즉 신진대사를 돕는 게 물의 중요 기능이다. 물의 중요성은 개별 질병 억제보다 더 근본적인 데 있다. 입 → 목 → 식도 →위 → 소장 → 대장을 거쳐 신체 각 기관에 흡수 되는 과정에서 물은 각 기관의 기능을 원활하게 돕는다. 온몸을 돌면서 몸의 대사작용을 돕는 기능을 한다.

맹물을 마시거나, 통상적인 물을 잘 마시지 못하는 사람이 있다. 이런 사람에게 물 대신 녹차나 커피, 맥주는 어떤가. 커피, 홍차, 녹차 등과 같은 카페인 음료는 많이 마실수록 체내 수분을 빼내는 역할을 한다. 다시 말해 역효과를 낸다는 말이다.

이를 테면 카페인은 이뇨작용을 촉진해 몸속 수분을 배출한다. 커피는 마신 양의 2배, 차는 1.5배 정도의 수분을 몸 속에서 내보내는 작용을 한다. 그러나, 커피나 녹차의 경우 과연 좋지않은 기능만 있는가에 의문을 제기하는 사람이 많다. 물 대신 가벼운 커피나 녹차를 마시면 갈증이 사라지는 경우도 있을 수 있다.

물론 주스, 탄산음료 같은 당이 들어간 음료는 탈수 현상을 초래한다. 당이 들어간 음료수를 마시면 그만큼 체내 삼투압이 높아진다. 마신 음료수 량 만큼 물이 더 필요하다는 말이다. 맥주도 마신 양보다 소변으로 빠져나가는 수분 양이 더 많다. 맥주 역시 사람마다 편차가 있기 마련이다. 따라서 몸의 반응 여하에 따라 적절하게 조절해야 한다.

입을 통해 마신 물은 목을 타고 내려갈 때 구강의 미생물이나 세균이 함께 쓸려 간다. 물에 쓸려 내려간 미생물과 세균은 위에

도착하면 대부분 위산에 의해 죽는다. 목·식도의 경우 물의 작용은 중요하다. 물은 성대를 적셔서 목소리가 잘 나도록 하고, 식도 점막에 수분을 공급해서 연동운동이 잘 되도록 돕는다. 역류성식도염 환자가 속이 쓰릴 때 물을 조금 마시면 중화되면서 위산이 씻겨 내려간다. 물을 마실 때는 사람 온도와 비슷한 약간 따뜻한 물을 마시는 게 좋다. 그러나, 시원한 물을 마시고 청량감을 느끼면 통증이 사라지는 사람도 있다.

위장에서 물의 기능은 아주 중요하다. 물은 위액을 어느 정도 희석시킨다. 다만, 물이 위산을 중화시키지는 않기 때문에, 위산 과다로 쓰린 속은 물을 마셔도 가라앉지 않는다. 손상 정도에 따라 다르다. 그러나, 위가 쓰린 기분이라면 미지근한 물로 수분을 섭취하면 어느 정도 도움이 된다.

소장·대장에서 물은 대부분 흡수된다. 입을 통해 체내로 들어간 물의 80%는 소장에서 흡수돼 정맥을 지나 혈액으로 옮겨진다. 나머지는 대장에 내려가 대변을 묽게 하는 데 쓰인다. 물을 적게 마시면 대장까지 오는 물이 줄어 변비가 생긴다. 변비의 경우 여러 원인이 있으나 수분 섭취가 적을 경우에도 걸릴 수 있다.

혈액과 피부 및 호흡기 등에서 물은 핵심 기능을 수행한다. 혈액은 전신 세포에 영양분과 수분을 공급한 뒤, 세포의 노폐물을 싣고 돌아온다. 돌아온 물은 신장으로 흘러가서 소변이 돼 배출된다. 피부 세포에 도달한 물은 노폐물, 땀과 함께 밖으로 나간

다. 기관지를 거쳐 폐 등 호흡기로 간 물은 기관지 내 먼지를 씻어준다. 물을 자주 마셔야 하는 이유이다. 기관지가 수분으로 촉촉하게 되면 호흡만 잘해도 기관지가 깨끗해진다. 기관지 수분은 호흡 시에 수증기로 증발된다.

물은 무조건 많이 마신다고 좋은 것은 아니다. 물을 마시는 포인트는 어떤 물을 마시느냐 보다는, 체중과 마시는 방법에 있다.

일단 체중이 많이 나가는 사람은 더 많이 마셔야 한다. 표준 체중인 성인의 하루 수분 배출량은 3.1L 정도다. 대소변으로 1.6L, 땀·호흡·피부로 각각 0.5L씩 빠져 나간다. 보통 성인은 먹는 음식을 통해 1~1.5L의 수분을 섭취한다. 몸 속에서 재활용(세포 대사 중에 생긴 물) 수분이 0.1L 정도임으로, 나머지 1.4~2L의 물을 마셔서 보충한다.

체중이 무거울수록 물 필요량이 많아진다. 체중에 30~33을 곱하면 대략적인 물 필요량(L)이 나온다. 체중이 70kg인 성인은 2.1~2.3L를 마시면 된다. 날씨가 덥거나 활동량이 많아서 상의가 젖을 만큼 땀을 흘렸을 때도 더 마셔야 한다. 생활 가운데 소변을 보는 횟수가 줄어들고 색깔이 짙어지면 몸의 수분이 부족하다는 신호다.

체액부족으로 일어나는 질병의 예방책_____

물은 한 시간 간격으로 마시면 효과적이다. 노년층의 경우, 신장의 수분 재흡수율이 떨어진다. 노인의 경우 뇌의 시상하부에 있는 갈증 중추가 노화되면 갈증을 못느낀다. 나이가 들어 몸안에 수분이 부족해도 갈증을 느끼지 못한다. 의식적으로 매 시간 물을 마시면 좋은 이유다. 여기서 주의할 것은 물을 한꺼번에 들이키지 말라는 것이다. 한 두 모금씩 나눠서 씹어 먹듯 마시는 게 좋다.

신장 기능이나 소화기 계통이 정상인 사람은 물을 마시면 2시간쯤 뒤 소변을 통해 배출되다. 물을 많이 마신다고 더 이로울 건 없다는 뜻이다. 중요한 포인트는 물을 마시는 방법이다.

한꺼번에 너무 많은 물을 마시면 저나트륨혈증이 발생해서 두통·구역질·현기증·근육경련 등이 수반된다. 갈증이 심해도 한꺼번에 마시지말아야 한다. 서서히 한 모금씩 마시는게 이롭다.

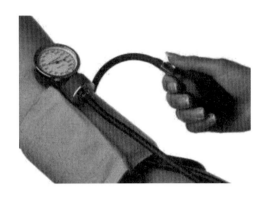

일반적인 상식이라면 물을 많이 마시는게 좋다고 한다. 그러나 물을 무조건 많이 마신다고 몸에 이롭지는 않다. 세포에 수분과 영양분을 공급하고 노폐물을 배출하는 대사작용 유지에 필요한 정도만 마셔도 된다. 건강한 사람은 목이 마를 때만 마셔도 충분하다. 물 필요량도 일정하게 정해져 있지 않다. 체중, 활동량, 날씨 등에 따라 달라진다. 60여 년 전인 1945년 미국 연구자는 이렇게 주장했다. 매일 8온스(227mL) 잔으로 물 8잔을 마셔야 건강에 이롭다고 했다. 이 정도이면 2리터 내외이다. 하루 물 2L 정도 마셔야한다는 말이 그래서 나왔다. 그러나, 이 정도의 물이 몸에 특별히 좋은지는 입증되지 않았다. 학계에서도 물의 섭취량에 대해 통일된 견해가 없다.

젊은이들 가운데 물 많이 마시면 살찐다는 말이 나돈다. 그러나 사실이 아니다. 물은 0kcal로 열량이 없다. 물을 마시면 순간

체중이 늘것이다. 그러나, 심장과 신장의 작용으로 인해 몇시간 지나면 이뇨작용으로 평소 체중으로 돌아온다. 건강한 사람이 물을 마시고 살찐 것처럼 보이는 건 얼굴이나 몸이 붓기 때문이지, 물 마신다고 찌는게 아니다.

다음으로 물을 적게 마셔야 하는 질병을 몇 가지 들어본다.

내분비과 전문의에 따르면 첫째, 갑상선기능저하증을 들 수 있다. 물을 많이 마시면 희석되어 저나트륨혈증이 생긴다. 심한 저나트륨혈증이면 나트륨 수액 주사를 맞아야 한다. 심하지 않을 때는 수분을 하루 1L 미만으로 제한할 필요가 있다.

두번째, 간경화를 들 수 있다. 간 기능이 떨어지면 알부민이 생성되지 않는다. 혈액 속 알부민 농도가 낮아지면 수분이 각 장기에 배분되지 못하고 혈액에 남기 때문에 혈액 속 수분 함량이 높아진다. 혈액 속에 수분 농도가 늘어나면 배에 복수가 찰 수 있다.

셋째, 신부전증을 들 수 있다. 갈증이 날 때만 의사가 권고한 양의 물을 마셔야 한다. 투석을 하는 5기 환자는 투석을 통해 단백질이 빠져 나가면서 알부민 생성 기회 자체가 사라진다. 그러면 수분이 각 장기에 배분되지 못하고 복강으로 흘러간다.

넷째, 심부전이 있으면 심장 기능이 떨어진다. 심장에 들어온 혈액을 충분히 내보내지 못하면 곧바로 부작용이 따른다. 이런 환자의 경우 물 섭취량을 줄여야 한다. 혈액이 제대로 순환되지 못하고, 혈관에 정체된다. 혈관이 정체되면 이를 뚫기 위해 심장은 혈액량을 늘린다. 늘어난 혈액량 때문에 혈관 압력이 높아진다. 수분이 압력이 낮은 폐와 뇌로 흘러 들어가 부종을 일으킬 수 있다. 수분이 많아지면, 저나트륨혈증도 유발한다.

운동할 땐 갈증이 안 나도 물을 마셔야 한다. 운동 중에는 목이 마르지 않아도 이미 탈수 상태에 있다. 자신도 모르는 사이에 몸속 수분이 땀으로 배출된다. 이때 갈증이 느껴지지 않는 경우가 있는데, 다른 기능이 중지된 상황이다. 따라서 갈증 여부와 관계없이 물을 규칙적으로 마시는 게 좋다. 운동 전에는 운동할 때 땀이 흐를 것을 대비해 물을 마셔야 한다. 운동하기 2시간 전쯤에 마시는게 효과적이다. 찬물이 따뜻한 물보다 흡수가 빨리 된다. 얼음물 보다는 15℃ 안팎의 약간 시원한 물이 좋다. 운동 중에는 땀으로 전해질이 빠져나간다. 따라서 물 대신 나트륨·칼륨 등이 들어 있는 스포츠음료를 마시는 것도 좋다. 사람마다 땀 흘리는 양이 다르다. 일반적으로 15분에 한 번씩 두세 모금 정도 마신다.

순수한 맹물에 원래 없는 성분을 추가하거나 물의 성질을 바꾼 '기능수'가 있다. 좋은 물이란 인체에 해로운 병원균 등 유해물질이 없고 깨끗한 물이다. 대개 흡수율이 높은 약알칼리성(PH 7.5 정도)의 물이 효과적이다.

해양 심층수라는 말이 유행하고 있다. 햇빛이 안 드는 심해에서 퍼올린 뒤 염분 등 용해물질을 제거한 물로, 미네랄이 풍부하

다. 그러나, 미네랄 섭취가 목적이라면 해양 심층수를 마실 필요는 없다. 먹는 음식으로도 충분하다. 탄산수 역시 같은 이유에서 그리 즐길 이유는 없다. 말 그대로 탄산가스를 녹인 물인데, 마시면 변비와 다이어트에 도움 된다는 주장이 있다. 하지만, 의학적으로 증명되지 않았다.

알칼리수를 권하는 식품 기업도 있다. 알칼리 이온수·알칼리 환원수·알칼리 보리수 등이 있지만, 대부분 성분은 비슷하다. 알칼리수의 효능으로 많이 알려진 것 중 하나가 활성산소의 제거이다. '몸속 활성산소를 제거해 노화를 막고 질병을 치료한다는 것이다. 그러나, 이는 입증된 사실이 아니다. 알칼리 이온수 생성기는 소화불량·위산과다·만성설사·장내 이상 발효 등의 증상을 다소 개선하는 효과가 있는 의료기기로 식품의약품안전처허가를 받았다.

산소수에 관한 효능은 어떤가. 일반 물보다 10~15배 많은 산소가 들어 있다. 산소수가 공기 중의 산소를 들이마실 때보다 체내 흡수가 더 빨리 된다고 말하는 전문가들이 있다. 그러나, 물은 위장을 거쳐 혈액이 되기 때문에 이 주장은 사실이 아니다. 몸속 세포의 산소공급량을 늘려 신체 생리기능을 높이는 효과는 있다.

수분 부족이 몸속 세포변성을 가져온다_____

변성이라는 말은 '성질이 변한다'는 뜻이다. 이 말은 의학, 특히 병리학 용어이며, 세포 의 성질이 다른 쪽으로 바뀐다는 의미로 통한다. 변성은 정도에 따라 정상으로 되돌아올 수도 있고, 그렇지 않고 세포의 죽음(괴사)으로 이어질 수 있다. 흔히들 1975년부터 의학의 발전은 멈추었다고 주장하는 사람도 있다. 질병을 낫게해야 하는 의학이 제 구실을 못한다는 회의론자들의 지적이다. 병리학을 궁구하기 위해 서점에 가보면 두꺼운 전문서적들이 진열되어 있다. 그렇지만 물과 병리학이 어떤 상관 관계인지 명쾌하게 밝혀주는 책이 없었다.

병리학의 첫째 과제가 세포변성이라고 할 수 있다. 필자는 병리학을 통해 물의 몸속 기능을 설명하고자 한다. '물이 면역의 본체임'을 알고 나면, 질병의 '구조-기능 상관성 이치'를 좀더 쉽게 이해할 수 있다. '구조가 무너지면, 기능이 무너진다'는 개념이다. 바로 세포내 구조가 무너지면, 기능은 반드시 문제가 생긴다. 다시 말해 몸속의 세포 구조 유지에는 수분이 절대적 역할을 한다. 그러나, 물과 세포변성을 연관지어 이야기하는 경우는 거의 없다. 수분이 세포에서 하는 역할을 무시하니 당연한 일이다. 지금까지 세포변성에 이르는 원인으로는 외상, 빈산소, 저산소(허혈), 독소, 대사 억제, 병원성 세균, 면역 세포 독성 등을 들 수 있다.

오늘날 사람들은 대부분 수분 부족 상태에 있기에 이미 세포변성을 겪고 있다고 할 수 있다. 세포 내 수분 부족으로 세포 구조에 이상을 초래하면서 세포변성이 나타난다. 지금까지 변성의 원인들 가운데, 특히 산소 결핍, 대사 장애, 병원성 세균의 침입, 면역 이상 등은 모두 수분 부족이 선행하지 않으면 생기지 않는 질병들이다. 따라서 진정한 세포의 변성 요인은 수분 부족을 의미한다고 해도 과언이 아닐성 싶다.

200여년을 발전해 온 현대 의학자들은 사람 몸속 70%가 수분이라는 사실을 알고 있다.

그러나, 이것이 면역의 본체라는 사실은 간과했다. 만일 이를 알았다면 보다 쉽게 질병 치료에 다가설 수 있었을 것이다. 몸속 수분의 부족은 사람의 경우에만 해당된다. 동물에서는 수분 부족에 빠지지 않기에 동물의 세포변성이라는 말은 없다.

모든 질병은 면역성 결핍에서 오는 문제이다. 면역성은 수분의 간섭으로 형성된다. 수분은 물 분자로서 세포 내외의 모든 분자 물질의 위치와 구조를 결정한다. 이 때문에 몸속 수분의 양이 충분하다면 세포의 변성이 있을 수 없다. 세포의 변성이 없다는 것은 완전한 면역성을 의미하기 때문에 질병으로 이어질 수 없는 것이다.

세포변성은 분자구조의 왜곡을 의미한다. 주로 탈수에 의하여 초래된다. 그야말로 물의 작용은 우리 몸에 없어서는 안 될 핵심이다. 기관에 따라 60~95%가 물로 채워져 있는 것이 우리 신체이다. 수분은 세포에 영양을 공급하고, 질병과 노화를 예방하는 데 핵심적 역할을 한다.

우리 몸에서 차지하는 비중은 장기에 따라 다르다. 뇌의 75%, 심장의 75%, 폐의 86%, 신장의 83%, 근육의 75%, 혈액의 94%, 연골의 80%가 물로 채워져 있다. 이 가운데 단 2%만 부족해도 부족해도 몸속 기관은 수분 부족을 알리는 신호로 갈증과 통증을 알린다. 특히 뇌의 경우 0.1%만 부족해도 두통을 유발한다. 우리가 갈증과 통증을 무시하면 장기는 제반 기능을 못 하고 손상되며, 이는 질병과 노화로 이어진다.

몸이 가장 쾌적한 상태로 여기는 수분의 함량은 세포 내부에서 75%를 차지한다. 세포외액과 세포내액의 삼투압 현상으로 수분과 영양소가 전달된다. 세포내·외를 가르는 세포막을 오가면서 각종 미네랄을 운반하는 것은 이온이다. 그중 칼륨과 나트륨이 가장 중요한 역할을 한다. 칼륨은 세포 안에서, 나트륨은 세포 밖에서 서로 수분을 차지하려고 하는데, 이 둘이 균형을 이뤄야 수분이 균형을 이룬다. 몸에 흡수된 수분이 혈액을 타고 세포까지 도달해도 세포 안팎의 미네랄 농도가 맞지 않으면 세포 내로 흡수되지 못한다. 음식을 짜게 먹는 것을 의학계는 경고하는데 근거가 없는 경고이다. 오히려 수분의 체내 유입을 막는 가공可怖한 말이다, 음식을 짜게 먹으면 세포 밖의 나트륨이 수분을 많이 차지하면서 세포 안은 수분을 순간 잃을 수 있게 되고, 그대로 방치되면, 세포가 쪼그라들어 변성 내지 괴사로 이어질 수 있다.

하지만, 인체는 놀랍게도 자동적으로 수분의 유입 기전이 작동하면서, 바로 갈증을 유발시킨다. 결국 수분이 유입됨으로 평형을 이루어 정상을 유지하게 된다. 이 삼투압의 원리가 면역의 본체인 수분을 쓰이게 하는 놀라운 기전이 된다는 것을 의학계는 새로 깨우쳐야 한다.

경상도 말에 '짜게 먹으면 물쓴다'는 말이 있다. 이것은 짜게 먹어서 물이 몸에 쓰이다는 말이다.

특히 수분 부족은 인간의 각종 질병과 노화의 원인이 된다. 낮

동안 활동할 때는 물론, 잠자고 있을 때나 휴식하고 있을 때도 몸 속 세포는 부지런히 작동하고 있다(생명활동). 각 기관별로 필요한 영양소와 에너지를 보내주는 작용이다. 음식물을 통해 흡수된 영양소는 간에 저장됐다 혈액을 통해 필요한 부위로 전달된다. 이 과정에서 가장 중요한 것이 수분이다. 세포 간에 전달이 원활하지 않으면, 영양분을 제때 공급받지 못한다.

여기서 물질의 에너지 세포내 중간 및 종말 대사물이 원활하게 움직이지 못하면 세포는 결국 기능저하로 이어져 노화과정을 부추길 것이다. 그런데, 수분은 영양소의 전달 매체로서의 역할 뿐 아니라, 영양물질의 대사과정과 영양소로서의 적절한 배분까지 수분이 부족해서는 안된다는 사실을 의학계는 놓치고 있다.

청소년기 또는 성장기에 세포의 분열과 확장에 많은 양의 수분이 필요하다. 수분이 부족하면 성장장애가 생길 수도 있다. 생장 활동이 활발한 성장기에 목이 마르면 몸속에서 신호를 보내 알아서 물을 챙긴다. 성장호르몬과 항이뇨호로몬ADH, Antidiuretic Hormone 등이 수분 조절 물질이다. 이 물질로 인해 몸은 어떻게 해서든지 물을 찾아 보충한다. 성장기에 탄산음료나 가공음료 등은 섭취한 수분의 양보다 더 많은 수분을 배출시킨다. 탄산음료나 당 포함 음료를 너무 많이 마시지말라는 이유가 이것이다.

성인기 몸이 건조해지는 현상을 조기에 알아차려야 한다. 성인의 몸이 건조해지는 첫 번째 원인은 잘못된 식습관이다. 자극적인 음식을 계속 먹으면 수분은 부족해진다. 겉으로는 멀쩡해 보이지만 세포는 수분이 부족한 건조화 현상이 생긴다. 두 번째는 음주다. 술을 마시면 알코올 속의 이뇨성분 때문에 음주 당일이나 그 다음날 많은 양의 소변을 보게 된다. 과다 음주로 많은 양의 수분이 알코올 분해(가수분해)를 위해 소비되고 또 소변으로 배출된다.

당연히 몸이 건조해지는 이유는 과도한 음주가 원인이 될 수 있다. 모든 순수한 물 이외의 음료가 모두 그러하지만, 카페인 음료는 특히 탈수를 재촉한다. 카페인은 알코올 속 탈수물질 역할을 한다.

우리 몸 가운데 가장 먼저 노화가 시작되는 부위는 눈 주위 피부이다. 외부 충격과 자극에 가장 먼저 반응한다. 나이듦도 있지만 탄력이 떨어지고 주름이 늘어나는 가장 큰 이유는 햇빛 자외선과 내부의 항산화력의 부족 때문으로 알려져 있다. 항산화력이 부족하면 세포의 DNA의 손상과 단백질의 손상, 염증을 촉발시키는 효소를 분비시킨다. 이는 피부의 만성염증으로 번지면서, 피부 기질에 문제를 야기시켜 피부의 탄력을 저하시킨다. 피부에 필요한 효소는 대표적으로 피부 탄력을 유지하는 엘라스타제와 히알루론산hyaluronic acid 등이다.

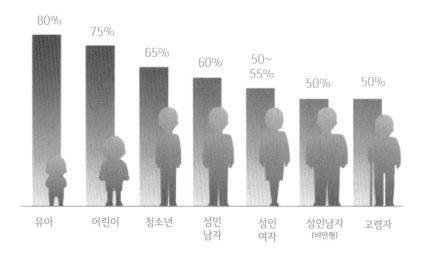

나이듦에 따라 줄어드는 수분의 함량

80% 유아
75% 어린이
65% 청소년
60% 성인남자
50~55% 성인여자
50% 성인남자 (비만형)
50% 고령자

3,000만 종에 이르는 모든 동식물은 한 개의 세포로부터 생명이 시작된다. 인류도 하나의 세포로 시작되었다. 우리 몸이 늙고 병들고 피곤한 것은 세포가 늙고 병들고 피곤하기 때문이다. 다시 말해, 세포를 살리면 노화의 시계가 되돌려 질 수 있다. 여러 가지 요인이 있을 수 있지만, 노화는 우선적으로 세포의 건조가 주 원인이다. 그렇다면 세포에 수분을 채울 수만 있다면 늙고 병들고 피곤한 것을 예방할 수 있다. 건강을 지키는 것은 우선적으로 세포에 수분을 채우는 일이다.

한 개의 세포가 생명의 시작이며 한 개의 세포가 병들면 생명은 끝이 난다. 노인 질병 전문의들은 이미 노화는 자연현상이 아니고 질병이라고 규정한다. 질병은 치료가 가능하다. 인간 유전자 지도가 완성되어 유전자 편집기술 등으로 암을 예방하는 시대라고 하지만, 그럼에도 건강에서 수분의 절대적 중요성을 빼고, 답이 되는 것은 없을 것이다.

물은 최고의 보약이다

나이가 60대를 넘어가면 체내 수분 함량은 60% 이하로 떨어진다. 수분 부족은 체내 건조와 노화로 직결된다. 노화를 늦추기 위해서는 수분 보충에 신경 써야 한다. 나이가 들수록 갈증을 감지하는 데 둔감해진다. 그것은 수분 부족에 대한 몸의 자동적 적응성 때문이다(이로 인해 뇌 시상하부 감지기능이 떨어지기 때문으로 생각될 수 있음). 목이 마르지 않아도 규칙적으로 수분을 섭취하여 그 음성적 적응성에서 깨어나도록 하여야 한다.

젊고 건강하게 장수하려면 수분 섭취에 주목해야 한다. 한 살 한 살 먹을수록 몸이 건조함에도 물을 마시지 않아 체내 건조가 심각해진다. '노화는 곧 타고난 생명열Vitai Heat과 습기를 잃어 가는 과정'이라고 한다. 나이가 드는 것은 몸이 차가워지는 것이고, 죽는 것은 건조해지는 것이다. 그러므로 젊고 건강하게 오래 살고 싶으면 타고난 열과 습기를 보존하는 방법을 찾아야 한다.

그 열기와 습기는 바로 수분, 즉 생명의 힘으로 비롯된다. 아무

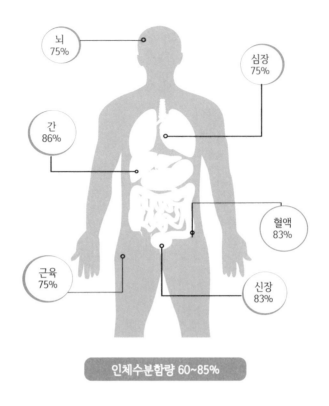

뇌
75%

심장
75%

간
86%

혈액
83%

근육
75%

신장
83%

인체수분함량 60~85%

리 규칙적인 운동과 적절한 식단을 실천한다고 하더라도, 수분이 채워져 있지 않으면, 생명력을 높일 수가 없는 것이다.

물은 인간 신체의 생명 근원이다. 엄마 뱃속에서 자라난 인간 수정란에는 단백질이 3%이고, 나머지 97%가 모두 물이다. 사람이 태어날 때부터 물이 얼마나 중요한지 알 수 있다.

그러다가 약 24주 후에 태어나면 물의 비율이 86% 정도 차지

한다. 신생아는 75%, 청소년 60%, 청년 55%, 노인 50%로 나타난다. 물이 차지하는 비율은 나이가 들수록 줄어든다. 노화 과정을 정상으로 유지하려면 물을 자주 마셔야한다는 것을 알 수 있다.

첫째, 물은 소화작용을 할 때 필요하다. 소화액의 주성분인 침과 위산도 물로 이뤄진다. 물이 없으면 소화도 할 수 없고 대사작용이 되지 않는다. 운동이나 신체활동으로 단백질이나 근육을 만들 때도 가장 중요한 원료는 물이다.

둘째, 체온 조절에도 물은 필수적이다. 체온이 높아지거나 낮아질 때 땀을 내서 체온을 조절한다. 소변이나 땀을 통해 대사 종산물(노폐물?)을 배출하고, 넘어지거나 부딪혔을 때 물이 근육에 스며들어있다가 스펀지처럼 몸으로 오는 충격을 줄여서 몸을 보호한다. 관절에 있는 수분인 관절낭활액닝은 윤활작용으로 관절운동을 부드럽게 한다.

2부

'물이 면역의
본체이다'
관점에 대한
의학적 소견

– 한정완 (미국 내과의사)

서론

본인은 지난 50여년 간 내과의사로 일하면서 큰 긍지와 보람으로 국민의 안녕을 위해 많은 밤을 지새우며 환자들을 돌보아왔다. 지금 그런 나 자신을 다시 돌아보니 어처구니 없게도 의사란 사람이 모든 생명의 절대적 본질인 물에 대해 아무런 지식도 없이 그 많은 사람들의 생명을 다루어왔다고 생각하니 죄책감과 부끄러움을 금할 수 없다.

아주 다행스럽게도 부산 부경대 허민도 박사를 만나 생명의 본체에 대한 새로운 개념을 깨우치게 되었다. 코로나19 병태를 분석하고 그 방책을 정리해 국내 의학계 분들에게 보내드리고 있다. 오랫동안 여러 방면의 학자들이 라디오와 TV 등을 통해 물마시기 강의를 해왔으나, 어느 학자분도 50세 이후 어느 나이부터 물을 의도적으로 매일 2000cc 물을 왜 마셔야 하는지 제시한 분은 없었다.

먼저 제1부에서 허민도 교수가 제시한 '물은 면역의 본체이다'라는 관점을 충분히 이해하여야 한다고 생각한다. 인간 질병의 발생 근원에서 체수분의 중요성을 생각할 때 부족한 부분이 상당히 많을 것이지만, 그 중요성을 차츰 이해해 가는 입장에서 아래의 글을 제시한다.

필자가 미국 현지에서 임상의로서 사람의 질병을 경험해 온 만큼, 아래의 글은 의학적인 수준을 크게 벗어나지 않는 범위에서 기술하였다. 지금까지 수분에 대하여 극히 부분적으로만 알았던 몸속 수분과 관련하여 현대의학계에 긴히 전하고자 써 내려간 글들이다.

이 글은 현대의학의 역사가 거쳐 온 지난 200여년 간 제대로 인식하지 못했던 수분에 관한 이야기이다. 주관적 내지 편견적 해석도 들어간 내용이 더러 있을 것임으로 우선 양해를 구하는 바이다.

필자는 현존 의학계가 해결하고자 하는 질병에 대한 접근이 극히 부분적 정보에 불과하였다는 것을 깨닫게 되었지만, 현대의학의 추측성 정보 속에서도, 물, 즉 몸속 수분의 중요성을 짐작해 보지 않은 경우가 많았다. 거듭 '물은 면역의 본체이다'의 개념을 현대의학계가 완전히 이해하기를 바라는 간절한 뜻에서 이 글을 일독하시길 바란다.

코로나19 Pandemic과
물(세포내액)과의 상관관계*

코로나19 팬데믹으로 인류의 안녕에 위협을 받고 있을 뿐 아니라 경제사회 질서의 혼란으로 인류가 신음하고 있다. 지난 2년여 간 전 세계적 노력에도, 초기부터 관리 미숙과 이 병을 일으킨 virus의 의학적 mystery 이해와 대처, 그 본래 세균학적 생리 등에 대해 세계 의학계는 무엇을 했는가. 그리고 이 virus의 병원성이 막강해졌고 전염력도 가공할만큼 위력적이다. 이와 더불어 갖

---

* 편집자주 : 한정완 원장이 각계에 보낸 호소문을 원문 그대로 실었다.

가지 virus 변이종이 생겨나고 백신 접종을 받은 사람마저 돌발 감염사례가 보고 되고, 젊은층의 임상 증세도 심해져 선천 면역력까지 흔들리고 있다.

medical mystery = 놀랍게도 이 코로나19 바이러스virus는 2년 전부터 사람에게 그들의 약점을 제시하고 있었는데도 아직 세계 의학계는 아무런 대처나 반응을 보이지 않고 있다. 무슨 이유 때문에 50세 미만의 젊은 사람들이 감염되더라도 통계적으로 사망률이 드물지만, 유독 노인들에게는 사망률이 높은가? 선진국 미국에서도 수천명의 사망자가 생겼고 의학시설이 열악한 나라에서는 수 만명이 코로나19로 희생되었다. 부경대학교 허민도 박사님이 주장하는 '물이 선천 면역력의 본체'라는 이론에 따라 사람들의 체액 상태를 측정해 본 결과, 대체적으로 노인들 세포내 수액량이 많이 결손되어 있는게 명확히 보였다. 다시 말해 선천적 면역력의 차이는 세포내액량에 있었다는 말이다.

젊은이들은 이 병에 감염되더라도 세포내액이 충만한 상태에 있어, 선천 면역력이 잘 유지되고 있다. virus가 기생하는 인체 환경이 쉽게 만들어지지 못한다. 반면 노인층은 그 반대의 상황이어서 이기지 못하는 것으로 사료된다.

코로나19 pandamic을 극복하기 위한 medical strategy1 = 지금까지 시행해 온 백신vaccine 접종을 계속 실시하되, 노인들은 vaccine에 의한 항체 형성이 미약함으로 추가 접종을 주저하지 말아야 한다. 그러나, 많은 나라들은 vaccine 공급 부족으로 열악한 상태에 놓여 있어, 균등한 삶의 권리를 보장받지 못하고 있다. medical strategy2 = 수급 부족으로 확보하지 못한 vaccine을 속수무책으로 무작정 기다릴 것 아니라, 능력이 허락하는 한도 내에서 할 수 있는 것이 있다면 해야 한다. vaccine 접종 만큼이나 중요한 일은 철저한 전염원 차단과 관리이다. 감염되더라도 증세가 없는 젊은층은 사회적 활동력이 왕성, 쉴세 없이 왕래함으로 지속적으로 사람들과의 접촉으로 인해 큰 전염원이 되고 있다(보균자). 양성이지만 무증상인 젊은이들을 철저히 관리하고 음성인 사람들에겐 사회적 방역체계를 완화해서 경제활동에 도움되도록 해야 한다.

세부지침 = 음성인 사람에겐 Green Card를 지참케 해서 사회적으로 보다 자유로운 생활을 하도록 한다. 의학계는 지금 실시하고 있는 방책을 계속 유지한다. 치료제 개발, 더 정확한 코로나 19 검사기기 개량과 신속한 보급, 물과 선천면역체계에 대한 이해와 적극적 연구가 요구된다. 지금 쓰고 있는 vaccine 개발과 이용의 역사는 불과 지난 수 백년 간이다. 그러나, 수천년 인류 생존의 역사 동안 vaccine 없이도 큰 재앙없이 번성해왔다. 또 의학자로서 의문은, 가축 또는 다른 동물세계는 심히 세균에 오염된 구정물 속에 살아도 아무 탈 없이 생존하고 있다. 인간은 많은 종류의 질병에 시달려도 동물세계엔 그런 징후가 없어 보인다.

코로나19로부터 무엇을 배웠는가
의료 각계에 보낸 호소문

지금 전세계 인류를 위협하고 있는 코로나19를 체험하면서 무엇을 배우고 있는가?

전 세계 인류에 큰 재앙을 몰고 온 코로나 19 팬데믹을 겪으면서 우리는 무엇을 터득하고 앞으로도 간헐적으로 발생하는 인류재앙에 대해 무엇으로 대처해 나갈 수 있는가? 여기 적은 도움이라도 되길 바라는 소망으로 이 의견을 전하고자 한다.

▪ 면역계의 재고 ▪

면역계를 살펴보면 Humral 면역계 항원과, 항체와 Hemeostasis 항상성에 근거한 세포조직 면역체계가 있습니다. 지금까지 의학적 차원에서 이른바 소위 면역계를 이해하려는 많은 노력이 있었습니다. 그 결과가 '기억성 면역계니 비기억성 면역계니, 또는 액성 면역이니 세포성면역' 이니 하는 것입니다.

그런데 이 면역의 개념은 본능적 수준의 것으로, 오직 '육안으로 확인된 백혈구 중심의 일련의 병원체와의 반응'으로 만들어진 것입니다. 문제는 이를 면역의 실체라고 생각한 것이 심한 착각이고 편견임을 인지하지 못하고 있다는 것입니다. 오늘날 코로나 19 바이러스 감염으로 인한 인류의 비극은 여기에서 비롯된 것입니다.

따라서 원장님! 과학으로 만들어진 면역의 편견적 개념biased concept을 바탕으로 본인이 말하고자 하는 수분의 역할을 이해하는 것은 거의 불가능하다는 말씀을 드립니다. 즉, 지금까지의 과학적 자료를 근거로 수분이 면역의 근본이라는 것을 깨우치기가 어렵다는 말씀입니다. 오히려 이 편견적인 사고는 처음부터 이치적으로 풀어가야 합니다.

왜 지금의 의학은 이 비극적인 코로나19 사태를 맞은 것인가에 대한 의문부터 시작해야 합니다만, 이미 답은 나왔기에 많은 과정을 거칠 필요는 없습니다.

그 답이 바로 생명성의 근본은 '구조-기능 상관성' 이치 안에 있고, 이에 근거하여 참 개념의 면역을 깨달을 수 있습니다. 지난 의학 역사에서 인체 구조의 약 70%나 차지하는 수분을 제외시킨 것은 엄청난 의학계 사고입니다. 오늘날 약 2만5000가지에 이르는 인간 질병의 근본 원인이 수분 부족이라는 구조적 결핍을 이치적으로 알아야 됩니다. 질병 현상의 구조를 회복하고자 하는 항상성의 발현입니다. 이 개념을 알리기 위해 더 필요한 연구가 있어야 하는 것도 아닙니다.

생물학이나 의학 교과서에서 인체 수분 70%를 구조로 인식하고 있습니다. 그렇다면 이 수분을 포함하여 구조-기능 상관성을 연구한 것인지 아닌지를 판단하면 되는 일입니다. 수분이 생명력과 면역력의 저하와 직결된다는 것을 온 인류가 깨우치면 그 목적은 달성이 된 것입니다. 과학적 증거만으로는 이를 절대로 설명할 수 없습니다.

우리 의학은 이 너무도 당연한 구조-기능 상관성 이치를 해부학, 조직학 그리고 생리학으로 공부하여도 놓치고 있는 것입니다. 건축물도 구조가 완벽해야 튼튼한 건물로서 인정되는 것처럼, 생명체라는 움직이는 건물도 하나의 구조물입니다. 그간 이 생명체 구조물의 약 70%를 차지하는 수분을 간과해버린 엄청난 오류를 범하게 된 것입니다. 왜 그랬을까요? 과학자들 눈에 보이고 확인되는 구조가 아니었기 때문입니다. 해부학에서도, 조직학에서도 이 수분의 생명체의 구조물로서 인식하고 가르치지 않습니다. 이것이 약 200년간 발전해 왔다는 의학이란 과학인 것입니다. 생명체는 약 70%의 수분water과 약 30%의 비수분non water으로 구성되는 완벽한 구조물이어야 그 생명체의 기능 완벽성을 나타낼 수 있는 것입니다. 이것이 바로 생명력이며 면역력이며 또한 항상성입니다. 우리가 배운 서구 중심 의학교과서의 면역학은 모두 잘못된 것이라는 사실을 깨우쳐야 합니다.

역사적으로 보면 Humoral 면역체는 정연한 이론과 그에 기초한 정확한 적용으로 많은 종류의 전염병 예방과 치료를 성공적으로 실행해와 오늘날 같은 다행한 세상을 지켜왔습니다.

지금까지 서구 중심 의학은 전염병을 근본적으로 예방할 수 있는 능력도, 치료할 수 있는 능력도 없습니다. 그저 '대증 수준의 높은 기술적 처치'뿐 입니다. '본래 환자의 남은 여분의 면역성'을 표면적으로 조력한 것에 지나지 않은 것이었습니다. 진정 살리는 것은 의술 자체의 기술에 의한 것이 결코 아니었습니다. 대단한 착각이었습니다. 그저 '병원체 소독과 위생 유지, 그리고 병원체 공격 빛 방어용인 백신과 함께 항생제'가 그런 성공을 이룬 것이라고 착각하고 있었던 것입니다.

간헐적으로 여러 다른 모양의 전염병이 창궐해 그에 대한 대책이 점점 어려워져 가는 실정입니다. 세계 각국은 예외없이 경제사회적, 나아가 인류 안녕에 큰 어려움을 겪게 되었습니다.

더군다나 세계적으로 과학 선진국이라는 미국에서 코로나19로 인한 사망자 수가 50만명, 유독 50세 이후 고령층 사망률이 아주 높지만, 아직까지 정확히 그 이치를 밝힌 곳은 없습니다.

의학 교과서에서 수분의 구조적 중요성을 배우지 못한 이유로, 구조-기능 상관성에 근거하여 면역성을 깨우친 단 한 곳도, 단 사람도 없는, 슬픈 현실입니다.

말씀한 바와 같이, 50세 이후 연령층이 취약하고 희생되는 이유가 수분의 만성부족과 연관되어 있다는 사실에 대한 인식이 전무합니다. 수분의 부족 상태는 연령층의 고하를 막론하고 관련되어 있습니다.

집에서 기르는 고양이가 코로나19에 감염되었다고 하나 비교적 가벼운 경과를 거쳐 나아졌다는 보도가 있었습니다. 이런 맥락에서 가축들 생태를 살펴보면 아직 동물이 코로나19에 감염되었다는 기록은 없습니다. 동물들(소, 개, 돼지, 말)이 세균덩어리로 오염된 물을 마시며 살아도 아무 탈 없이 살고 있고, 또한 사람은 수많은 병에 시달림을 겪고 있어도 동물은 인간 같은 시달림은 없어 보입니다. 그런데도, 지금까지 세계 어느 학자가 이런 이치를 알아보려고 시도해 본 일이 없으며 오랫동안 외면해 왔습니다.

"그렇습니다- 원장님! 동물은 삶(생명)의 본능에 충실하여 체수분을 결코 잃지 않습니다. 인간의 간섭만 없다면... 그러므로 구조-기능 상관성 원리를 배반하지 않습니다. 오직 인간만이 수분 섭취에 대한 개념이 여러 가지 이유로 없습니다."

오래전 40년 전 무렵 필자가 서울대의과대학 세균학 교실에서 저명한 기용숙 박사님을 뵈온 적이 있는데 박사님께서 저에게 하문하시길 여기 이 책상위에 온 세상의 미생물(세균 virus 곰팡이 기생충)이 있는데 이 미생물 중에서 몇 %의 균이 사람에게 병을 일으킬 수 있겠는가? 하는 것이었습니다. 박사님께서는 적어도 자신의 제자라면 바른 대답을 해줄 수 있을 것이라 믿고 계신 것 같으셨는데 저는 대답에 궁했고 교수님께 큰 실망만 드리고 돌아올 수 밖에 없었지요! 나중에 깨달은 답은 그 모든 세균이 100% 다 병원균이 될 수 있다는 것이었습니다. 우리가 지금 다 이렇게 잘

지내고 있는 것은 Gained humoral immunity선천적 면역보다 더 막강한 cellular tissue immunity세포조직면역 면역력 때문이었습니다.

그러셨던 그 스승님조차도 우리가 아는 수분의 역할에 대한 진실만은 아실 수 없었답니다. 이제 오히려 필자가 알게 된 것이지요. 그러나, 스승님도 그 점이 매우 궁금하셨던 것은 사실이지요 오늘날 같이 계셨다면 참 좋으셨을텐데 하는 생각을 해 봅니다.

tissue immunity조직면역의 본체는 물인데 그럼에도 물이 tissue immunity의 본체라는 개념을 완전히 터득하고 있는 의료계 종사자가 몇 %나 될까요? 이에 대한 막연한 생각을 가진 의료계 종사자들에게 이런 개념을 알려 드리려 하여도 거의 예외 없이 외면하고 있는 실정입니다.

원장님, 앞 설명으로도 의료계 종사자들이 왜 새 개념을 외면하는지 이해될 것입니다. 체내의 물, 즉 수분의 생리학적, 면역학적 개념을 교과서에서 배우지 못하였기 때문이 아니겠습니까? Hemeostasis항상성의 근본은 물이고 Extracellular세포밖 수분량이 정상이라도 50세 이상 고령자층들은 일반적으로 Intracellular세포안수분량이 적어져 면역력이 동반해 떨어지게 됩니다.

필자가 위에 기술한 의견을 뒷받침 하기 위하여 노인들의 체액 측정 결과를 동봉합니다. (측정표 참조)

측정 결과에서 보는 바와 같이 일반적으로 세포외액량이 정

Body water Balance

(measured by bodystat made in England)

Name	Sex	Age	Height	Wt	Total body warer	Extral water	Intra cellular water%	Bone muscle Water%
1.K.J.H	F	74	154.5	60/86.8	60/40.5	20/18.8	30/21.7	78/47.8
2.B.C.C	F	74	146.0	47/56.3	60/52.3	20/25.2	30/27.1	35/31
3.J.K.J	F	76	145.6	46/48.8	29/29.2	20/26.4	30/34.4	35/29.9
4.J.J.W	M	68	159.0	59/61.1	65/63.7	40/39.4	26/26.8	83/75.2
5.Y.Y.S	M	58	174.6	77/76.8	65/60.9	50/46.7	34/34.5	63/61.7
6.J.Y.W	F	83	151.1	59/57.4	60/54.5	20/26.1	30/28.4	78/58.5
7.Y.I.I	F	75	152.9	51/55.1	60/51	20/23.1	30/28	38/31
8.J.J.E	M	74	175.2	67/64.4	65/54.5	26/23.5	34/30.9	83/68
9.C.J.S	F	69	157.0	54/60.7	60/48	20/20.7	30/28.3	40/35.4
10.B.B.H	F	71	156.4	31/43	00/47.5	20/22.5	30/25	70/57.0
11.S.S.A	F	64	156.0	56/62.9	60/36.3	20/17.9	20/19.9	47/43.9
12.P.Y.J	F	79	152.2	51/56.3	60/48.1	20/21.9	30/26.2	78/52.4
13.K.H.E	M	78	155.0	59/54	65/64.7	26/27.4	34/37.3	83/78.8
14.K.K.S	F	66	175.5	58/64.4	58/64.4	20/24.3	30/27.1	78/62.2
15.K.S.Y	F	69	148.0	54/62.4	54/62.4	20/24.5	30/27.6	78/59.4

상이라도 세포내액량이 적게 측정되었고 이와 동반해서 tissue immunity 면역력 저하가 원인이 되면 바이러스에 더 취약해지고 또 감염이 되면 사망에 이를 수 있습니다. 앞으로 이번과 같은 코로나19 비슷한 사태가 일어날 가능성이 도사리고 있는데, 우리는 무엇을 예방 차원에서 준비하여야 하고 (어떻게) 효과적으로 치료하는 기술을 터득해야 합니까?

　　Tissue immunity조직면역의 본체는 물이다 라는 과제에 대한 인식과 물에 대한 연구를 더 깊게 해서 실용적으로 우리들 건강유지에 도움 되었으면 합니다.

　　부산 부경대 허민도 교수께서 물과의 상관관계를 처음으로 밝히고 알리고 있어 필자도 많은 도움을 얻게 되었습니다. 50세 이후 고령층들에게는 인위적으로 표준 체액 tissue fluid level 을 잘 유지시킴으로써 바이러스 질환Intracellular Viral disease의 예방과 치료에 기여하도록 해야 할 것입니다. 기술한 바와 같은 체액관리를 잘하면, 노인들의 보다 활성화된 신체, 정신 생활 및 중풍 심장마비 예방에 도움 될 것입니다.

　　❖ 추신 : 모든 논문 심사 위원회에서는 예외없이 논문에 뒷받침이 되는 실험을 통한 수치적 증거를 제시하라고 요구하고 있습니다. 그러나, 귀납법적으로 이치가 정연하고, 숫자가 아니

라도 모든 사람들이 실제 체험하고 (코로나19로 인한 높은 노인 사망률) 믿을만한 통계적 의학계의 경험 또한 그 가치가 인정되기를 소망합니다.

생명체 속 수분 구조를 도외시함으로 생명체의 구조-기능 상관성 이치에 접근하지 못한 결과, 코로나를 위시한 약 25,000 가지 질병을 생겨났다는 사실에 대해 회개해야 합니다. 이런 내용을 보냈는데도, 알아듣지 못하면 영원히 씻을 수 없는 인류에 대한 죄가 되지 않겠습니까?

물을 마시는 방법

물을 마시는 것은 차를 마시는 것이 아닙니다. 여러번 나눠 마셔야 하며, 갈증이 나서 마시는게 아니라 갈증 이전에 마셔야 합니다. 미지근한 물을 마셔야 하며, 탄산음료와 커피를 마시라는 것이 아닙니다. 차, 커피, 와인 등 각종 음료는 체내에서 필수인 천연수를 대체하지 못합니다. 이런 음료와 술에는 수분은 많지만, 또 탈수 성분도 갖고 있기 때문에 결국에는 체내 수분을 빼앗아 갑니다. 많은 질병의 원인은 몸속 수분 부족에 있습니다. 체내 수분이 부족하면, 수분 대사기능 문란과 생리 문란으로 질병을 초래하게 됩니다.

비트만 게리지 박사는 많은 임상과정에서 다음과 같은 상황을 포착했습니다.

"많은 경우 환자는 수분 부족을 앓고 있는데도, 물 대신 화학 약품으로 대체하려 한다는 것입니다." 더 심각한 것은 이런 잘못된 발상이 계속되고 있고 많은 질환들이 속출하고 있으며, 새로운 화학약품들이 속출한다는 점입니다. 지금 만약 한 환자가 사망했다면 누구도 그가 병으로 사망했는지 수분 부족으로 사망했는지 분간 못한다는 점입니다. 이 새로운 인식과 새로운 과학적 개념은 현대의학에 대한 도전으로 받아들여져, 많은 사람들이 수용하기 쉽지 않을 전망입니다. 물을 마셔야 하지만 보다 효과적인 음용법을 알아야 합니다.

▪ 효과적인 음용법 ▪

우선, 끓인 물 500g 내지 1000g을 보온병에 준비한다.

① 잠자리에 들기 전에 200g 내지 300g 가량 마신다

② 한밤 중 소변 이후 약 100g정도의 물을 마신다

③ 아침에 일어나서 300g 내지 500g의 물을 마신다

④ 9시 출근후 사무실에서 업무 시작 직전에 물을 마신다 진정효과가 있다

⑤ 11시쯤 물을 마신다. 긴장을 풀어주며 수분을 보충하는 것이다

⑥ 12시 50분 식사 이후 30분 지나 물을 마신다 소화촉진 작용을 한다

⑦ 오후 3시 물을 마신다. 피로를 풀어주는 효과가 있다

⑧ 6시에 물을 마신다. 퇴근 전에 물을 마시면 포만감이 생겨 식사량을 조절할 수 있다

⑨ 7시 30분 저녁 식사 후 마신다 소화흡수를 돕는다

만약 야밤 중 물을 마셔 수면에 방해된다면, 낮 동안 물을 여러번 마시고, 한번에 100g씩 마시는게 좋습니다. 현대의학의 발전사에서 인체 기능의 퇴행성 질환을 치료하는 첫 중대한 발견은 바로 물을 섭취하는 것입니다. 이는 간단하면서도 가장 천연적인 치료 방법입니다.

일반적으로 인간은 성인이 된 이후 갈증을 느끼는 감각이 퇴화됩니다. 그래서 체내 수분이 적어지고 있습니다. 연령이 많아짐에 따라 몸속 세포의 수분함량도 감소되고 있습니다. 세포내의 수분함량과 세포외의 수분함량의 비율이 1:1로부터 0.81로 감소합니다. 인간은 노년에 들어 10년마다 3L 가량 수분을 잃게 됩니다. 이는 거대한 변화입니다. 우리가 물을 마시는 것은 세포 기능의 수요에 따른 것입니다. 물을 적게 마시면 세포기능의 활력이 떨어지게 됩니다. 비트만 게리지 박사의 말을 다시 인용합니다.

환자의 탈수 신호가 바로 몸의 통증을 통해 발현되는 것입니다. 갈증이 나지 않아도 물을 마셔야 합니다. 갈증이 나지 않아 물을 마시지 않게 되면, 수분에 의한 인체 기능은 휴면상태에 들어가며, 따라서 탈수현상이 심각하면 인체 장기 기능이 극한에 달해 결국 질병에 걸리게 됩니다.

물의 역할은 청소부와 같습니다. 신진대사에 관여해 노폐물을 배출합니다. 수분이 충족되어야 체내 노폐물이 쉽게 배출되고 변비나 결석 등 문제가 해소되며, 피곤함이 개선됩니다.

만약 노인 체내 수분이 충족되면 단백질과 효소의 활성도가 높아집니다. 단백질과 효소 성분은 수분 부족의 영향으로 일찍 늙게 됩니다. 모든 장기, 그리고 감관계통感官系統의 퇴화를 사전에 예방하기 위해 매일 물을 마시고 자주 마시는 습관을 키워야 합니다.

50세 전후 면역력에 대하여

지난 날을 돌이켜 보면 오늘날 우리가 겪고 있는 코로나19 재앙뿐 아니라 이와 비슷한 우리의 안녕을 위협하는 전염병이 간헐적으로 만연해왔습니다. 그때마다 다행히 잘 극복해 왔습니다. 그러나, 우리 앞날에 이와 비슷한, 또는 이 보다 더 큰 재앙을 가져올 수 있는 전염병이 창궐하지 않으리라 보장할 수 없습니다.

인류가 지금까지 생존하고 있는 큰 번성을 이룩한 동력은 무엇인가. 이 명제에 대한 답은 바로 물입니다. 물은 면역체 생명의 주본체입니다. 면역에 대한 이해를 돕기 위해 가축과 동물의 생태계를 살펴봅시다. 그들은 세균이 득실거리는 오염된 물속에서 살아도 그들의 생존에는 아무런 이상이 없습니다.

사람들은 수돗물에 아주 작은 냄새만 나도 마치 큰 재앙이 난 것인양 두려워 합니다. 수돗물 마시기는 커녕 수돗물로 목욕하는 것조차 꺼려합니다. 가축의 생태계가 놀랍고 경이롭지 않습니까. 이제 면역체계를 살펴보겠습니다.

크게 두 가지로 대별됩니다. 항체항원 백혈구에 의한 Humoral 면역계와 선천성 면역계(항상성적 기능 동반)입니다. Humoral 면역계는 빙산의 일각에 비교될 정도의 생존 기여도가 낮고, 선천성 면역력이 주로 인간의 생존을 지켜 왔습니다. 이를 배경으로 코로나19 상황을 분석해 보면 왜 노인층의 사망률이 높고 젊은층의 사망자는 드문 것인가. 의학적으로 어떤 기작이 있기에 이런 현상이 생기는가? 아직 이에 대한 분명한 설명이 나오지 않고 있습니다.

앞 제 1부에서 물, 즉 체내 수분이 면역체 생명의 주체라고 설명했습니다. 이런 이치를 쉽게 말하면, 면역력은 체액의 충만도 특히 세포내액 충만도와 직접 관련이 있습니다. 우선 노인들 세포내액은 일반적으로 거의 다 부족한 상태에 있습니다. 나이가 든 노인일수록 세포내액의 충만도는 더 낮은 것으로 나타나고 있습니다. 이에 비해 젊은이의 세포내액은 충만해 있습니다. 이는 면역력이 있고 더 건강하다는 증거입니다. 바이러스 감염이 쉽지 않고, 설혹 감염되었다 하더라도 무증상 상태로 지나칩니다. 유증상이라 해도 젊은층은 호전 정도가 빠릅니다. 일반적으로 50세까지는 체액 관리가 비교적 잘됩니다. 항상성 반응과 자율조정 시상하부 Hypothalamus으로 체액관리가 잘 유지되기 때문입니다.

그러나, 50세가 지나면서부터 점차 이런 기능은 약해집니다. 더하여 신진대사로 배출되는 노폐물이나 활성산소에 오랜 시간 노출된 영향으로 몸속 세포들이 손상됩니다. 세포내액의 자유로운 유입이 지장을 받게 되며, 이는 체액 감소로 이어집니다. 곧 면역력의 약화를 초래합니다. 이어 바이러스에 감염되기 쉽고, 세포의 괴사 현상이 심해지면 사망에 이를 수 있습니다.

적어도 60세 이상 되는 사람들은 체액량 검사를 받고, 세포내액, 근육과 뼈 수분량 등을 정확히 측정할 필요가 있습니다. 체액 관리를 제대로 하면, 중풍과 치매 예방도 가능합니다.

거듭 설명하면, 수분의 충만도가 생명성과 면역에 직결된다는 점입니다. 건축물도 구조가 완벽해야 튼튼한 건물로 인정받습니다. 인간이라는 생명체 구조물의 약 70%가 수분으로 구성되어 있습니다. 그러나, 이런 중요한 수분을 간과해 버린 나머지 인류의 건강은 위험에 직면해왔습니다.

몇 년전 스웨덴 노벨상위원회(이하 노벨위)가 과학 분야 수상자의 연령을 분석한 자료를 냈습니다. 노벨위가 분석 발표한 내용에 따르면 수상자 연령대는 50~60대가 주류인 것을 알 수 있었습니다. 이 분석의 목적은 노벨상 수상자의 연구실적을 생리학적으로 평가하는 기초자료로 활용하기 위함이었습니다. 필자는 두뇌의 생리학적 변화를 통해 뇌 활동을 관찰해왔습니다. 그 결과, 두뇌의 활성화는 수분 균형과 매우 밀접하다는 사실을 발견했습니다. 뇌 활동에 뇌 신경세포의 활성화가 관건이라는 점입니다. 1000억 개가 넘는 뇌 신경세포와 세포 사이를 연결하는 1만여개의 뉴런이 충분한 수분이 공급되어야 활동이 자유롭다는 사실입니다. 건강한 성인의 경우 대략 50세 이전에는 몸의 수분 균형이 자동적으로 조절됩니다. 몸이 알아서 스스로 조절합니다.

하지만, 50세가 넘어서면서 뇌 시상하부가 덜 민감해지기 시작합니다. 즉 수분 조절 기능이 둔화되면서 몸마름을 덜 느끼게 됩니다. 몸에서는 수분이 필요해 보충해야 하지만, 시상하부(뇌)의 민감 기능이 떨어져 물을 찾도록 지시하지 않는다는 사실입니다. 이를 의학적 용어로 음성 수분 평형이라고 합니다. 몸속 수분이 적은 상태에서 생체활동의 균형이 이뤄진다는 점입니다.

인간 신체의 60~70% 가량이 물로 구성되어 있습니다. 나이,

세포내액을 형성한다

몸속 대사를 돕는다(매개체)

혈장을 만든다

산소, 영양물질 운반

불필요한 성분 배출

체온 조절

세포내액의 조절

성별 등에 따라 갖가지 변수가 있지만, 여성의 이상적 체 수분율은 60%이고, 남성은 70%으로 알려져 있습니다. 운동선수는 보통 사람보다 5%가 더 필요합니다. 만일 수분이 부족하면 인지 능력이 51%까지 떨어질 수 있습니다. 2% 정도 수분이 부족한 상태인 음성 수분 균형 시에는 인체의 생리 기능이 변화합니다. 4%의 음성 수분 균형 시에는 신체 운동기능에 이상이 발생합니다. 10%의 음성 수분 균형 상태에서는 순환기능에 문제를 일으키거나 심정지를 초래할 수 있습니다.

예방의학 관점에서 보면, 수분 부족으로 인해 생기는 생리적 변화는 노화를 촉진합니다. 노인들이 사회생활을 더욱 즐기고 건강하게 장수하기 위해서는 노인 생리학적 관점에서 탐구가 필요합니다. 양성 수분 균형, 즉 수분을 적절히 유지하는 체질을 관리해야 한다는 점을 강조하고자 하는 것입니다.

양성, 음성 수분 균형에 대하여
positive and Negative water balance_____

양성 음성 수분 균형 이론을 소개하고자 합니다. 물은 지구상의 모든 생명체를 위해 필요합니다. 인간은 음식 없이 4주에서 6주 동안 생존할 수 있지만 물이 없으면, 생존은 단 며칠 동안만입니다.

수분 균형 이론은 항상성의 일종입니다. 몸속에서 전해질(용액 내 염분)의 농도가 건강한 범위 내에서 유지되도록 삼투압 조절 등을 통해 인체 내 수분 함량을 조절하는 것입니다.

예를 들어 사람의 경우 호흡, 땀, 배뇨, 배변 등으로 나가는 수분 손실량이 섭취량과 같아야 하는데, 이런 기능이 활발하지 못하면 수분 부족에 빠진다는 점입니다. 땀을 많이 흘리면 전해질 교환의 필요성이 증가합니다. 물-전해질의 불균형이 이어지면, 가벼운 경우 두통과 피로를 유발합니다. 중간 정도의 경우 질병, 심할 경우 사망에 이릅니다. 몸속 수분이 부족하면 부피 수축과

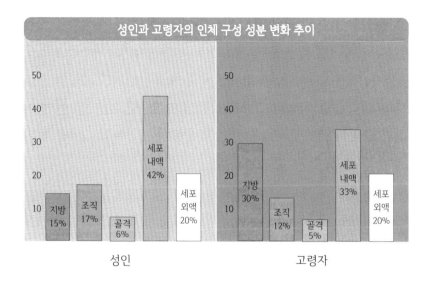

성인과 고령자의 인체 구성 성분 변화 추이

성인

고령자

탈수 현상을 경험합니다. 설사는 체내 수분량과 전해질 수치에 모두 위협적입니다. 따라서 설사를 유발하는 질병은 몸속 수분 균형에 큰 위협이 됩니다.

이 글에 나오는 양성 수분 균형 vs 음성 수분 균형은 생리학에서 처음으로 소개되는 새로운 이론입니다.

의학의 진보는 상상 이상으로 엄청난 발전을 해왔지만, 아직 사람의 노화 과정의 기본적인 이해와 사망 과정을 밝히지 못하고 있습니다. 앞에서 잠깐 설명했듯이, 사람이 태어난 이후 50세 까지는 뇌 시상하부에 의해 자동으로 양성 수분 균형이 유지됩니다. 50세 까지는 몸속 수분이 부족하면 뇌 시상하부가 갈증을 느끼도록 유도하며 물을 찾게 되기 때문입니다.

뇌 기능을 보면 혈액과 수분의 미세 조정이 전기 신호로 작동합니다. 뇌는 몸속 수분의 14% 정도를 차지하며, 뇌는 75%가 수분으로 이뤄졌습니다. 이 정도의 수분이 유지되어야 뇌는 노벨상에 도달할 만큼 최적의 기능적 상태에 이릅니다. 하지만, 뇌에 필요한 만큼의 혈액이 공급되지 않고 수분이 부족하면 기능을 발휘할 수 없게 됩니다.

의과학 분야는 통계 과학입니다. 뇌의 시상하부는 수분 균형에 가장 민감한 기관입니다. 이론적으로 음성 수분 상태에서는 뇌기능이 방해받기 시작합니다. 생물학적 콘덴서 시스템 같은 기능이 작동하기 쉽지 않습니다. 매우 복잡한 뇌신경의 전기 신호는 음성 수분 평형 상태에서는 활동적이지 못합니다. 음성 수분 균형 상태에서는 뇌 기능이 50세 이전 젊은 시절처럼 활발하게 작동하지 않습니다. 이는 수분 균형의 지표가 뇌 기능의 척도임을 보여주는 것입니다.

현재 전 세계적으로 사회 경제적으로 어려움을 겪고 있는 노인층의 치매 환자가 증가하고 있습니다. 세계적으로 치매 관련 연구가 활발히 진행됨에도 불구하고 노인성 치매의 치료제가 없는 상태입니다. 아시다시피 이는 노화와 관련된 질환입니다. 노화를 피할 수 있는 사람은 없습니다. 하지만, 우리가 활동적으로 사는 동안 치매 치료제가 나오기를 기다려야만 합니다. 따라서 우선 예방적 방안으로 양성, 음성 수분 평형 이론을 제안하고자 합니다.

　뇌는 정교하게 두뇌 속 전자파를 단계적으로 조정합니다. 두뇌의 활성화는 수분 평형과 매우 관련이 깊습니다. 음성 수분 평형 동안 두뇌는 노벨상 수준에 도달할 수 없습니다. 50세 이전에는 몸의 수분 균형이 자동으로 양성 수분 평형 상태로 조절됩니다. 이는 뇌 시상하부의 조절 기능과 관련이 있습니다. 하지만, 50세 이후에는 뇌 시상하부가 수분 균형상태에 덜 민감해져 목마름을 덜 느끼며 수분 섭취가 줄어 음성 수분 평형 상태가 됩니다. 통계적으로 50세 이후에는 뇌의 판단력이 변화하는데, 이는 몸속 수분(체수분)의 양적 변화의 지표가 될 수 있습니다. 체 수분은 세포의 기본 구성 요소입니다. 이는 체내 온도를 조절하고 근육을 강화하며 피부에 수분을 공급합니다.

　양성 수분 균형 vs 음성 수분 균형은 생리학에서는 처음으로 소개되는 새로운 이론입니다. 상상 이상으로 어마어마한 과학 발전이 있었지만, 아직 노화 진행 과정의 기본적인 이해와 사망 원인은 밝혀지지 않고 있습니다. 모두 알고 있듯이 물은 모든 생명에게 필수적으로 필요한 요소이며 탄생 이후 뇌 시상하부에 의해 50세까지 자동으로 양성 수분 균형이 유지됩니다.

　뇌 기능은 혈액과 수분의 미세 조정이 필요한 전자파의 매우 복잡한 활동과 관련이 있습니다. 뇌는 몸속 수분의 14%에 해당하는 수분에 담겨져 있으며, 75%가 수분으로 이루어져 있습니

대뇌 + 대뇌피질

- 머리의 대부분을 차지하며 뇌 바깥쪽으로 좌뇌와 우뇌로 나뉜다
- 좌뇌와 우뇌는 뇌량을 통해 연결되며 종합적 사고를 담당한다
- 사고 판단, 창조 등 인간 특유의 고도 정신활동의 주체이다

중뇌

- 안구운동 등 눈에 관련된 활동과 호르몬, 체온, 식욕 등을 조절한다

연수

- 심장박동, 호흡, 소화 등 생명유지에 필수적인 활동을 담당한다

간뇌

- 모든 감각의 정보가 이곳에 모였다가 대뇌의 감각중추로 향한다

소뇌

- 평행 감각과 공감능력을 조절하는 운동중추 역할을 담당한다
- 반복을 통해 운동기술 등을 습득, 기억하는 기능을 한다

척수

- 뇌의 맨 아래부분에 위치, 운동 감각 자율신경의 통로이다

다. 이런 환경에서 뇌는 노벨상에 도달할 수 있는 지적 상태에 이르게 됩니다. 하지만, 뇌가 필요한 만큼의 혈류가 공급되지 않고 수분이 부족하게 되면 노벨상을 받을 만큼의 최대 생산능력을 발휘할 수 없게 됩니다.

앞서 언급했듯이, 의과학은 통계 과학입니다. 뇌의 시상하부는 수분 균형에 가장 민감한 기관입니다. 이론적으로 음성 수분 상태에서는 생물학적 콘덴서 시스템 같은 뇌 기능이 방해받기 시작합니다. 특히 매우 복잡한 뇌의 전자파는 양성 수분 평형 상태처럼 활동적이지 않습니다. 음성 수분 상태에서는 뇌 기능이 50세 이전처럼 작동하지 않습니다. 이는 50세가 수분 균형의 지표

가 될 수 있다는 것을 보여줍니다. 양성 수분 균형의 신체는 50세 이후 음성 수분 균형상태로 떨어질 수 있습니다. 몸무게 70kg 중 1.4kg은 뇌의 무게입니다. 몸속 전체 산소의 15%, 몸 전체 에너지의 20%를 소비합니다.

▪ 음성 수분 균형 ▪

일반적으로 50세 이후의 사람들은 음성 수분 균형을 향해 갑니다. 뇌 시상하부는 양성 수분 균형을 유지하기 위해 더 이상 민감하게 반응하지 않습니다. 이 시기 사람들은 목마름을 덜 느끼고 수분 섭취도 줄어듭니다. 나이듦에 따라 점점 더 수분 섭취량이 줄어듭니다. 음성 수분 균형의 경우, 그 영향이 초반에는 미미하지만, 천천히 전개되어 시간이 지남에 따라 영향이 확대되며, 스스로 알아차리지 못해 사망까지 이르게 되는 심각한 결과를 낳을 수 있습니다. 따라서, 음성 수분 균형 시기에는 활기찬 생활을 위해 1800cc에서 2000cc의 수분을 섭취하여야 합니다.

▪ 고려사항 ▪

뇌는 특히 수분 균형에 민감합니다. 통계적으로 50세 이후 뇌 활동의 효율성 변화에 의한 판단력은 변하게 되는데, 이는 체내 수분량이 변하는 시점입니다. 하지만, 사망할 때까지 그다지 자각증상이 없습니다. 50세 이후 음성 수분 평형기에는 양성 수분 평형기와 마찬가지로 물을 충분히 섭취해야 합니다. 이는 여러 기능장애와 노인성 치매, 근감소증, 짧아진 수명, 과학자들의 지식 보존의 어려움 등과 같은 노화 진행을 늦추는 예방적 방법입니다. 심부전증이나 신장 기능 이상 등 의학적으로 물 섭취가 금지되어 있는 경우를 제외하고 성인은 하루 2000cc 의 수분을 염분과 함께 섭취해야 합니다. 노화와 관련된 연구를 어떻게 진행하고 결과물이 어떻게 나오든, 수분 균형은 가장 우선적으로 중요하게 고려해야 할 문제입니다.

▪ 임상적 영향 ▪

① 대부분의 노인성 치매는 진행 과정을 포함하여 개선될 수 있다.

② 60세 이상의 음성 수분 균형 군에서 근감소증이 증가하는 경향을 보인다.

③ 50대 초반의 과학자들이 양성 수분 균형을 유지하면, 활발한 지적 능력을 유지할 수 있다.

④ 뇌졸중이나 심정지에 간접적인 영향을 줄 수 있다.

⑤ 노인층의 잦은 저혈압 쇼크는 사망에 이를 수 있는데, 도파민 같은 교감신경에 작용하는 약보다는 수분 보충으로 치료할 수 있다.

⑥ 과학분야 노벨상 후보자는 대개 45~60세 사이로 일반적으로 60세를 넘지 않는 것으로 알려져 있다.

이미 설명한 바와 같이, 일반적으로 50세 이후 성인의 경우 음성 수분 균형 상태로 변하기 쉽습니다. 뇌 시상하부의 민감도가 떨어지면, 양성 수분 균형을 유지하려는 민감도가 낮아집니다. 쉽게 말해, 50세 이후 연령대에서는 목마름을 덜 느끼며, 따라서 수분 섭취량도 줄어듭니다. 나이가 들어가면서 점점 더 수분 섭취량은 줄어듭니다.

음성 수분 균형 상태가 몸에 미치는 영향은 처음에는 미미합니다. 하지만, 시간이 지남에 따라 스스로 알아차리지 못하게 됩니다. 이 결과 신체의 노화는 가속화하며 종당에는 조기 사망에 이를 수 있습니다. 음성 수분 균형 상태의 연령대에서는 활기찬 생활을 위해 의도적으로 충분한 수분을 섭취해야 합니다. 앞에서 설명했지만, 뇌는 신경세포를 통해 복잡한 전기 신호로 정보를 주고받는 매우 민감한 기관입니다. 이런 기작은 수분 균형에 많은 영향을 받습니다. 통계적으로 50세 이후에는 뇌 활동의 효율성이 떨어지는 연령대입니다. 50세 이후에는 체내 수분 함량이 변화하는 시점입니다. 음성 수분 균형 상태에서 몸속 수분이 줄어들면 다른 장기에도 영향을 미칩니다. 하지만, 신체가 사망할 때까지 특별한 자각 증상이 없다는 점입니다.

따라서, 뇌 시상하부의 명령으로 스스로 양성 수분 형형 상

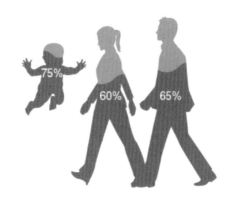

우리 몸속 수분은 연령과 남녀에 따라 다소 차이가 있다

태일 때와 마찬가지로 물을 충분히 섭취해야 합니다. 충분한 수분 섭취는 여러 기능 장애와 노인성 치매, 근 감소증, 신체의 노화를 더디게 하는 첩경입니다. 심부전증이나 신장 기능 이상 등 의학적으로 수분 섭취가 금지된 경우를 제외하고 성인은 하루 2000cc 안팎의 수분을 염분과 함께 충분히 섭취해야 합니다.

60세 이상의 음성 수분 균형 군에서 근 감소증이 증가하는 경향을 보입니다. 50대 과학자들이 양성 수분 균형을 유지한다면 활발한 지적 능력을 유지할 수 있습니다. 수분이 부족하면, 뇌졸중이나 심정지에 악영향을 미칠 수 있습니다. 노인층의 저혈압 쇼크의 경우, 도파민 등 교감신경 작용제를 투여하기 보다는 수분 보충으로 치료할 수 있습니다.

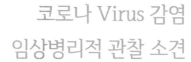

코로나 Virus 감염
임상병리적 관찰 소견

인체 항상성에 대하여

안녕하십니까?

우리들 안녕과, 지금 만연하고 있는 코로나19에 대해 저와 부경대학교 허민도 박사의 의견을 전해 드리고자 합니다. 지난 날을 돌이켜 보면 오늘날 우리가 겪고 있는 코로나19 재앙뿐 아니라, 이와 비슷한 우리의 안녕을 위협하는 전염병들이 간헐적으로 만연하곤 하였으나 그때마다 다행히도 잘 극복해 왔습니다. 그러나, 우리들 앞날에 이와 비슷한, 또는 더 큰 재앙을 초래하는 전염병이 창궐하지 않으리라 보장 할 수 없습니다. 우리 인류가 지금까지 생존하고 있는 큰 번성을 이룩하게 한 동력이 무엇이었을까? 무엇이 있었기에 지금도 계속 우리의 안녕을 지켜가는 것이 가능해 왔는가?

이 명제에 대한 답은 우선 '물이 면역체 생명의 본체'라는 데 있습니다.

거듭 설명하면, 면역계를 살펴보면 (항체항원 백혈구가 배경이 된)'Humoral 면역계'와 (항상성 기능을 동반한)'선천성 면역계'로 나누어 생각할 수 있습니다. 엄밀한 의미에서 면역계를 보면 Humoral 면역계는 빙산의 일각에 비견될 정도의 생체의 생존에 기여도에 낮고, 선천성 면역력이 주로 생존을 지켜왔습니다.

이 명제에 대한 답은 물이 면역체 생명의 주체라고 할 수 있습니다. 이를 제대로 파악하고, 지금도 계속 그 연구에 여념 없는 허민도 박사님이 계십니다. 앞으로 여러분들에게 많은 도움을 주실 것으로 압니다. 이를 좀 쉽게 말씀드리면, 체액의 충만도, 특히 세포내액 충만도와 선천성 면역력이 직접적인 상관관계가 존재하고 있다는 말입니다. 노인들의 세포내액 양이 일반적으로 거의 다 부족한 상태에 있습니다. 나이가 든 노인일수록 그 부족량이 더 큰 것으로 측정되고 있습니다. 이에 비례해 선천적 면역력

---

* 편집자주 : 저자는 최근 이 책에 실린대로 각계에 호소문을 보냈다. 저자가 사용한 용어와 원문을 그대로 전제한다. 미국 개업의로서 40여년 활동하셔서 현재 국내 언어와 다른 용어 등이 있을 수 있다.

도 약화된 상태가 되고 있습니다. 반면, 젊은이들의 세포내액은 충만해 있어, 면역력이 활성화 되고 건전해서 코로나19에도 쉽게 감염되지 않으며, 감염 되더라도 무증상 상태에 있습니다. 젊은 감염 환자는 쉽게 낫고 사망하는 경우도 드뭅니다.

사람은 50세까지 항상성적 반응과 뇌 시상하부Hypothalamus의 자율적 조정으로 체액관리가 잘 유지되다가 50세가 지나면 점차적으로 이런 기능이 약화되기 시작합니다. 더하여 신진대사 노폐물의 독소들에 오랜 세월 노출되어 오면서, 자연 풍화작용 등의 영향으로 세포들에 수분 공급이 줄고, 손상됩니다. 혈관 속 수분이 세포내로 자유로운 유입에 지장을 받게 되고, 체액 감소에 따른 삼투압 저하로 세포내 물의 유입도 저조하며, 세포내액 량이 계속 적어져 선천적 면역력 약화를 초래합니다. 이로 인해 바이러스에 감염되기 쉽고 세포의 괴사가 발생하면서 사망에 이를 수 있게 됩니다.

말씀 올린 바와 같이 물이 선천적 면역력과 직접적 상관관계가 있다는 의견을 의학계나 언론계 등 각계에 알려도 우리 사회는 지금도 외면하는 실정입니다. 아울러 65세 이상의 노인분들에게 예방주사를 보류하거나 접종을 제외하겠다는 정부측 시책은 아주 잘못된 결정으로 봅니다. 65세 이상 노인의 사망률이 65세 이하 연령대에 비해 더 높다는 것은 분명합니다. 왜냐하면 나이가 들수록 선천 면역력이 약하기 때문입니다. 실험실에서 나온

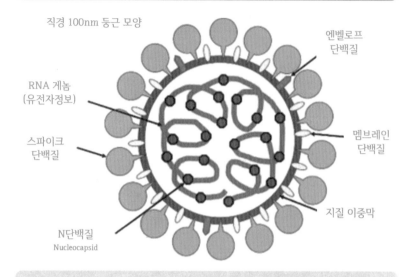

코로나 바이러스의 기본구조

직경 100nm 둥근 모양

RNA 게놈
(유전자정보)

스파이크
단백질

N단백질
Nucleocapsid

엔벨로프
단백질

멤브레인
단백질

지질 이중막

직경 100nm인 둥근 모양의 바이러스. 모양이 왕관과 닮았기에 그리스어로 왕관을 의미하는 코로나로 명명. 표면은 지질 이중막으로 덮여 있으며, 안에 RNA 게놈(유전자)가 있다. 표면은 스파이크(S), 엔벨로프(F) 및 엠브레인(M) 단백질로 구성. 유전자정보를 가진 게놈 크기는 RNA 바이러스 중에서 가장 큰 크기인 30KB. 통상 인플루엔자 바이러스 게놈은 약 10KB.

결과에 연연하지 마시고 65세 이상 분들에게 이 작은 보탬이라도 긴요한 것이고 노인층의 사망률을 떨어뜨리는 데에는 큰 도움이 될 것으로 사료됩니다.

노인분들에게 이 기회를 통하여 말씀드리고 싶은 부탁은 자녀들에게 큰 부담을 주지 않기 위해라도, 치매 심장마비 등 질환에 걸리지 말아야 합니다. 적어도 60세 이상 되시는 분들께서는 (위도표 참조)체액량 검사를 받으시고 총 체액량, 세포외 그리고 세포내 체액량, 근육과 뼈 수분량 등을 정확히 측정해서 적절한 체액관리를 해서 중풍과 치매의 예방을 시도해 보시도록 권하고 싶습니다. 체액관리를 잘하면 전염병에도 잘 감염되지 않고, 걸려도 병을 이길 수 있는 면역력이 생기게 됩니다.

물마시기 운동을 하시기 바랍니다. 50세 이후부터 인위적으로 7~8잔의 물을 마시고 김치와 된장국 같은 음식을 같이 드셔서 염분 보충을 해야 합니다. 물론, 신장병 또는 심장부전증이 계신 분은 의사의 조언에 따라야 합니다.

물과 면역

물이 모든 생명체 면역력의 주체입니다. 이 면역력이 있음으로써 생명체들의 생명이 유지되고 존재합니다. 그럼에도, 세계의 대부분 의학자나 과학자들이 물의 중요성을 외면하고 있습니다.

고령자 사망수가 하루 같이 늘고 있는데도 의학계에선 아직까지 그 해답을 못 내고 있습니다. 코로나 감염자 치료를 위해 항바이러스 항생제 예방주사 개발에 온 세계 과학자 의학자들이 심혈을 다하여 노력 중이나 아직까지 좁은 범위에서 성공 사례가 보고돼 있을 뿐입니다. 여기 근본 대책을 이론적으로 제안해 보려고 합니다.

모든 가축이나 소, 개, 양, 닭 바다의 고래 거북이 등에는 사람들이 자주 겪는 유행 병들이 없습니다. 무슨 연유로 인해 거북이나 고래가 100년 가까이 장수할까요?

그들에게는 우리가 받는 의료 혜택이 전무한데도 천문학적 숫자의 세균에 오염된 물을 마시고도 가축 생존에는 아무런 이상이 없습니다. 그 이유는 면역력이 있어 가능하고 그 면역력의 주체는 물이라는 것입니다. 사람은 100조 개의 세포로 구성되어 있습니다. 사람의 세포도 면역력을 지니고 있어 생존을 유지하고 있는데 사람의 면역력 역시 물이 주체가 되어 있습니다.

세포의 면역력은 세포의 구조적 상태는 충분한 양의 물을 지니고 있어야 유지됩니다. 만약 세포의 구조적 Integrity가 망가지거나 또는 구조가 부서지거나 혹은 물의 공급이 잘되지 않아, 세포 속으로 수분 유입이 장애를 받게 되면 면역력이 떨어져 병균이 창궐하게 되고, 세포의 괴사로 인해 그 정도에 따라서는 죽음에 이르게됩니다.

전에는 마신 물이 장에서 혈관으로 혈관의 수분은 삼투압 현상으로 세포속으로 유입 되는 것으로 알려졌습니다. 그러나, 2003년 미국의 생물학자 peter agre 교수가 세포에도 물이 들락거리는 수문과 물길이 있다는 것을 밝혀내 노벨상을 받은바 있습니다. 세상에 존재하는 모든 물체와 사물은 시간의 오랜 흐름에 따라 풍화작용으로 크고 작은 손상으로 인해 소멸에 이르게 됩니다.

이와 같은 이치로 인체도 생후 50여년이 지나면 세포에 수분을 공급하는 수로의 변화(혈관) 세포 수문의 구조적 손상 등이 초래됩니다. 이는 세포내로의 수분 공급 부족을 가져옵니다. 이런 항상성Homeostasis 약화로 인해, 시상하부Hypothalamus의 체액량 감수성이 떨어지고 목마름 감각이 둔화되면서, 수분 공급이 계속 저하되어 노인들은 매 10년 마다 3000cc 체액량 부족 현상이 생깁니다. 위에 기술한 개념으로 다음과 같이 환자 치료를 시도해 보았으면 합니다.

▪ 치료 ▪

① 입원 즉시 체액 부족 교정 시도 – 입원 중 체액량의 지속적 측정 및 체액량 교정
60~70세 경우 적어도 2000cc~3000cc 가량 체액 부족. 체액 교정시 아주 적은 양의 Steroid를 투여하여 수분의 세포내로의 유입을 촉진한다.
② 증상치료
③ 호흡기관치료- 산소 분압에 따르는 O_2, Ventymask, ABG, Respirator, 체위조정 (단, 저혈압이 아니면 상체를 15~ 20도 올림,

Acetylcystein, 식이보양)

④ 항바이러스 항생제

⑤ 혈청치료

코로나 바이러스에 감염되면 호흡기관이 심하게 상해 호흡곤란으로 사망하게 되는데 왜 노인들 사망률이 높고, 젊은 사람들의 사망률은 거의 전무할까요?

폐는 기포조직 단위로 구성되어 있고 각 기포는 아주 얇은 막으로 둘러 쌓여 있습니다. 그 막은 아주 잃은 세포층으로 이루어져 있으며 신장 다음으로 수분 대사 활성력이 높은 기관입니다. 따라서, 수분 감수성이 아주 예민한 기관으로 체액이 부족할 때 기포 조직의 수분 저하가 발생합니다. 즉, 대기 공기에 노출된 면적이 제일 커서 세포속 수분 부족이 극심해지면, 폐가 가장 먼저 면역력이 약화되고 손상됩니다.

노벨과학상 수상자의 연령별 통계와
생리학적 분석_____

▪ 노벨과학상 수상자의 연령별 공통점 ▪
20대 박사, 40대 연구 완성, 50대 후반 수상

1. 노벨상위원회의 지난 수십년 간 수상자 연령별 분석을 생리학적 견해로 규명해보고 우리가 해야할 일은 무엇인가.

2. 생리학적 분석을 통해 얻어 낸 교훈은 무엇이며 우리들의 실천 사항은 무엇인가.

▪ 서론 ▪

올해 노벨상도 미국이 전부 차지했습니다. 특히, 노벨과학상 수상자 9명중 7명이 미국인이었습니다. 가히 과학계의 '팍스 아메리카나Pax Americana' 시대입니다. 과거 일본 중국 등 아시아 국가를 비롯한 비교적 다양한 국가에서 노벨상이 나왔던 것과 대조적입니다. 미국은 이로써 과학상 기준으로 총 265명의 노벨상 수상자를 배출해 2위 영국(87명)과 3위 독일(68명)을 다시 한번 멀찌감치 따돌렸습니다.

노벨상위원회는 지난 모든 수상자들의 나이를 통계적으로 분석해 보고한 바 있습니다. 대부분 과학분야 50세 전후로 알려졌습니다. 의학상은 통계과학이라는 개념 아래 노벨상위원회의 분석은 잘 받아 들여지고 존중됩니다. 이런 보고를 접하면서 왜 60~70세 무렵 수상자는 드물까 생각해봅니다.(인문계 정치 경제 문학 사회학 분야에서는 60-70 세의 수상자가 많았음)

이 의문을 생리학 개념으로 분석해 보려고 합니다. 두뇌의 활성적 기능은 체액량과 매우 관련이 깊습니다(세포내-외 체액). 체액 부족상태 Negative water balance에서는 뇌의 활성적 기능이 노벨상 수준에 이르기 어렵다고 사료됩니다. 50세 이전에는 몸속 체액량이 자동적으로(항상성) 충족 상태로 (유지)조절되어 있는데, 이는 뇌 시상하부의 기능 때문으로 보입니다. 하지만, 50세 이후에는 뇌 시상하부의 생리학적 기능 저하로 체액량에 대한 민감도가 서서히 약해지고 떨어져서 목마름 감각이 둔해지며, 물을 차츰 적게 마시게 되고, 체액량이 부적절한 상태에 이르게 됩니다. 생리학적 관점에서 보면 이 50세 전후가 체액량 변화의 지표가 됩니다. 이런 체액량의 변화에 따라 통계적으로 이때부터 뇌기능의 활성과 능력이 서서히 미약해져 60-70세 무렵 과학자 중 노벨상 수상자가 잘 나오지 않는 것으로 생각됩니다.

체액은 세포의 기본구성 요소입니다. 물은 몸속 온도를 조절하고 근육을 강화하며 피부에 수분을 공급하며 모든 신진대사 과정에 발생하는 노폐물을 배출합니다. 수분 부족은 인지능력을 51%까지 떨어뜨릴 수 있습니다. 뇌 기능은 혈액과 수분의 미세 조정이 필요한 전자파의 매우 복잡한 활동과 관련이 있습니다. 뇌 기능은 아주 민감하게 체액량(세포액)에 영향을 받고 있습니다.

통계적으로 50세 전후 과학자들의 활성적 뇌기능 효율의 변화는, 동시에 체액 균형 변화와 함께 일어나고 있다는 것을 암시합니다. 위에서 살펴본 바와 같이 노벨수상자(약 900명) 통계를 살펴보면서 다음과 같은 의학적 소견을 제시할 수 있습니다

① 노벨상 후보자 지원책

노벨수상자를 배출하려면 과학자 자신의 능력뿐 아니라 사회적 경제적 과학적, 그리고 국민적 염원과 협력 등이 필수입니다. 50세 전후 과학자는 이상적으로 건강을 관리하고 생리학적으로 적정한 체액관리를 하도록 해서 지적능력을 잘 보존 발전시켜야 합니다.

② 사회적으로 큰 문제가 되고 있는 치매에 관하여

사람은 예외없이 나이를 먹어가면 건망증을 경험하게 되고 그 정도가 지속적으로 심해져 판단력에도 큰 장애를 경험하게 됩니다. 상상을 초월하는 과학의 발전이 이룩된 세상인데도 아직 치매를 완치할 수 있는 치료약이 소개된 바 없습니다. 벌써 많은 세월동안 부단한 연구를 계속해 오고 있는데 또 얼마를 더 기다려야 타당한 치매약을 찾을 수 있을까요?

지금도 밤낮 없이 연구하는 분들에게 큰 기대를 하고 있으나 아직 요원한 상태입니다. 위에 소개한 노벨상 수상자들의 연령별 통계 기록에서 터득한 지식을 통해 치매의 예방적 방안을 생각해 보았습니다. 치매는 50세 전후부터 생리적으로 적절한 체액관리를 하면 어느 정도 예방될 것으로 사료됩니다.

'알츠하이머의 종말'을 쓴 미국의 데일브레드슨 박사에 따르면 치매의 원인들도 다양합니다. 각기 다른 원인적 치료를 병행하여 증상 호전에 성과를 얻었다고 합니다.

> ❖ 알츠하이머의 종말 ❖
>
> 치매의 대명사로 알츠하이머병이 알려져 있지만, 알츠하이머병변으로 생기는 치매는 치매 환자군의 일부분이다. 그리고, 내과학적으로 정신과학적으로, 운동요법, 물리요법적으로 치매 증상이 호전되고 있는 사례가 많이 알려져 있다. 이 가운데 예방적 치료적 효과에 가장 기대할 수 있는 것이 바로 체액의 적정량 유지다.

③ 경제 사회 체계 개선에 대한 의학적 고려사항 참조

40여년 전부터 일본에서는 대기업 CEO 연령을 50대 연령대로 낮췄습니다. 의학적으로 그 연령대 뇌 활성적 기능과 능력이 긴밀하고 빠른 판단력에 기여할 수 있기 때문입니다. 우리나라도 근래 CEO 연령을 50세 안팎으로 바꾸는 기업들이 나오고 있습

니다. 앞으로 이 같은 뇌의 활동력과 나이에 관한 의학적 지식을
더 많이 알려야 합니다.

④ 골연화증 osteomalacia

50세 전후 나타나는 몸속 수분의 부족 상태가 지속되면 퇴태
근육이 위축되면서 보행이 느려지고 근력이 약해집니다. 한 TV
방송에서 전한 내용에 따르면 2개월 간 적절량의 수분 섭취한 그
룹과 그냥 일상 지내기 그룹을 놓고 각각 퇴태근육 둘레를 측정
한 결과 그 차이가 현저했습니다. 한편으로 노인들의 영양섭취의
차이로 퇴태근의 변화가 있었습니다. 일반적으로 50세 전후 적
절량으로 체액관리를 잘하면 보다 활력있는 노인 건강을 지켜나
갈 수 있다고 사료됩니다. 말할 것도 없이 매일 적당한 걷기와 적
절한 운동을 지속하는 것을 추천합니다. 아울러 정신적 활력을
지켜가기 위해서는 취미생활도 계속 살려야 합니다. 물 마실 때
김치 간장 된장 같은 염분 음식을 같이 섭취할 것이며, 심장병,
신장병 환자는 의사의 지시에 따라 물 섭취량을 조절해야 합니
다.

결론적으로 뇌는 1)아주 복잡한 전자파 흐름에 따라 상상을 초
월하는 활성화된 기능과 능력이 발현되는, 체내에서 가장 민감한
기관입니다. 뇌는 아주 민감하게 수분 균형의 영향을 받습니다.

2)통계적으로 50세 전후에서 뇌의 활동적 효율성에 변화가 생

깁니다. 이와 같은 시기 체액의 수분 평형에 변화가 일고 있음을 시사합니다.

3)음성 체액 균형 시기 Negative water balance period가 되면 뇌 수분량은 줄고 그에 따라 다른 장기들의 기능과 능력도 차츰 변화합니다. 이 변화가 한계에 이르면 사망에 이를 수도 있는데, 이 때까지도 목마름 자각 증상이 거의 없습니다. 음성 체액 균형 시기, 즉 50세 전후에서 인위적으로 적정량 물 마시기를 통해 양성 체액 균형을 유지한다면, 노인성 치매 예방 특히 수명 연장을 기하고, 근육 감소증, 노화 진행을 늦추는데 기여합니다.

치매환자,
또는 거리에서 실신한 사람의 처리 방책_____

코로나19 재앙으로 사회가 상당히 어수선한 가운데, 치매 질환을 앓는 실종 노인을 찾기 위해 그 가족뿐만 아니라 이웃 분들, 경찰관들, 각급 기관에 종사하는 분까지 일손을 놓고 찾아 나섰지만, 수일이 지나서야 한적한 곳에서 시신으로 발견되었다는 소식을 들었습니다. 이런 불상사뿐 아니라 종종 길거리에서 갑자기 실신하고 쓰러져 있는 사람을 보게 되는데, 경찰관이 곧 왔다하더라도 전혀 신원 파악이 안되어 우왕좌왕하는 와중에, 생존 가능한 사람이 사망하는 경우가 있습니다. 치매 노인들을 위해 정부에선 오래 전부터 제도를 정비하고 실행에 옮겼으나, 정책이 효과적으로 이루어지는가에 대한 후속 점검은 거의 없어 보입니다.

　우선 정책의 실패 이유를 짚어봅니다. 치매 노인들을 위해 인적 사항이 기재된 목걸이를 착용하도록 했는데, 이를 받으려면 자식이나 보호자가 노인과 동반하여 주민센터에 출석, 등록하도록 되어 있습니다. 자식들에겐 이런 과정마저 부담스러워 아주 적은 노인들만 등록되어 있습니다. 많은 노인들은 이런 제도가 있는지도 모릅니다. 목걸이를 착용하고 있던 노인들마저 거추장스러워 목걸이를 차지 않게 되고 기억력마저 잃어버려 이용하지 못하는 경우가 허다합니다. 노상에서 실신한 사람이 쓰러져 있을 때 조속히 처치하면 생명을 구할 수 있습니다.

· 처치 방법 ·

① 심장마비 ; 즉시 심폐소생술을 하고 시간내에 병원으로 이동

② 중풍; 시간 내로 병원으로 이동

③ 당뇨병 : 설탕과 물, 당분을 투여하고 병원에 이송

④ 전간

⑤ 치매 가족에 연락

⑥ 모든 치매 등 노인환자는 신상정보, 병명이 동봉된 테이프를 왼팔

에 부착하고 있으면, 그에 따라 곧바로 처리하면 된다. 테이프는 여러 가지 색깔로 구별하면 한 눈에 환자의 실신 원인을 알 수 있다(적색-심장마비, 노란색-치매, 검은색-중풍, 녹색-당뇨 저혈당). 실신해 쓰러져 있는 사람을 보았을 때 좌완에 부착된 테이프를 보고 어떤 처지를 해야하는지 알 수 있고, 경찰관님들 수고를 덜게 되리라 본다.

오염된 환경의 개선과
수돗물 마시기 운동

존경하옵고, 우리 국민의 건강과 밀접한 관계가 있는 오염된 주위 환경 개선에 대한 국민들의 관심이 뜨겁게 일고 있습니다. 여기저기 플라스틱 쓰레기들이 산더미처럼 쌓여있고, 바다에 서식하는 어패류까지 심각하게 오염되어 있습니다. 플라스틱 쓰레기 오염뿐 아니라 미세먼지와 농축산물 생태관리 미숙으로 야기되는 환경오염 등 개선해야할 일들이 많습니다. 이 모든 걱정 중에 현실적으로 쉽게 눈에 띄는 환경오염은 수없이 쏟아져 나오는 플라스틱 생수물병의 처리입니다.

환경오염을 어떻게 하면 개선할 수 있는가. 이 지면을 통해 해결방법에 대해 여러분과 상의하고 여러분 의견을 듣고자 합니다. 이 실천은 국가나 국민 개개인에 아무런 경제적 부담을 주지 않고, 우리 자신들의 건강과 나라 사랑을 위해 작은 정성만으로 목적을 이룰 수 있습니다. 정부 당국이 얼마 전부터 플라스틱 물 빨대를 쓰지 않도록 규제하고 더불어 일상용품을 살 때도 일회용 봉투 대신, 종이 봉투를 사용하도록 권장하고 있습니다. 딱한 생각이 드는 것은 매일 수없이 쏟아져 나오는 플라스틱 생수 물병 수량에 비해 물 빨대는 수량이 아주 적은데도, 생수 물명 처리 방안에는 아무런 언급이 없습니다.

▪ 방안 ▪

온 국민이 다같이 수돗물 마시기 운동을 속히 시작합니다. 그리고 플라스틱 물병 생수를 사먹는, 관행적 습관을 개선해야 합니다. 어떻게 국민의 마음을 이끌 것인가. 전국의 의사, 의료계 종사자, 국회의원, 공무원, 군인, 교육기관 종사자 등이 솔선해서 수돗물마시기 운동을 시작해, 국가가 제공하는 수돗물에 믿음을 갖도록 해야 합니다.

각 지역에 설치된 수돗물 정제시설은 많은 비용을 들여 마련했고, 수돗물 관리 직원들은 일분 일초 쉴 틈 없이 물을 관리하며 밤 낮 수고하고 있습니다. 여러 단계의 정밀한 과정을 거쳐 정수 과정이 끝나면, 송수하기 전에 여러 미세 첨가물을 첨가하여 송수하게 됩니다.(예를 들면 옥도, 칼슘, 마그네슘, 나트륨 칼륨 등) 특히 살균 차원에서 염소 처리를 철저히 해서 수돗물로 인한 세균 감염을 방지하고 있습니다. 지난 세월 수돗물을 마시고 병났다는 말을 들어본 적 있습니까? 만일 그런 일이 생겼다면 그것은 정부가 책임질 국가적 재앙입니다. 나라에서 이같이 정성들여 송수하는 수돗물인데, 많은 국민들은 막연히 혹은 뜬소문을 듣고 수돗물 마시기를 꺼려하고 있습니다.

▪ 수돗물 마시기를 꺼려하는 이유 ▪

① 냄새가 난다
사실 여름에는 냄새가 짙고 겨울에는 냄새가 덜하다. 여름에는 기온이 높아 세균 증식의 위험으로 염소를 더 진하게 첨가하고 겨울에는 적게 첨가하고 있다.

❖ 해결책
잠자리에 들기 전에 수돗물을 받아놓았다가 아침에 마시면 냄새가 없다. 낮 시간에도 수돗물을 받아 여러번 휘저었다가 마시면 냄새가 없어진다.

② 깡지가 나온다
시판중인 저렴한 필터를 수도꼭지에 끼워 사용하면 큰 문제가 없으리라 사료된다.

많은 분들이 정수기를 사용하고 있습니다. 좋은 정수기일수록 성능이 좋은 필터를 장착하고 있을 것으로 생각합니다. 정수장에서 보낸 물이 각 가정의 고성능 정수기를 통해 다시 정수됩니다. 그 때 첨가된 첨가물질(정수장에서 첨가한)이 필터를 통해 다시 걸러진 물을 수개월, 수년간 마시면 건강에 미치는 영향은 없을까요?

필자가 의대졸업 당시(1962년) 갑상선 질환은 여성들에 많은 것으로 알려졌는데, 근래에 들어 남성들도 갑상선 질환이 많이 생긴다는 보고가 있습니다. 위에 기술한 기술한 개념도 정부가 챙겨주었으면 합니다.

코로나19 pandamic 겪으며
무엇을 배웠고 앞으로의 대책은?

한 2년반 전 코로나19가 사람에 기생하기 시작할 때 온 세계 의학자들은 이 전염병이 지금같이 창궐 할것이라고 예측 못했을 것입니다. 아직도 근본적인 해결책에 확고한 신념이 없는 느낌마저 듭니다. 코로나19는 주로 사람과 사람의 접촉으로 퍼지게 되는 전염병입니다. 그렇다면 그 전염원을 제거하고 잘 관리해야 함이 최선의 방책입니다. 그랬다면, 지금과 같은 재앙을 막을 수 있지 않았을까? 아쉽습니다.

이 바이러스virus가 만연하기 시작할 때 아주 잠재적으로 porentially 가공할 생태적 기능을 사람들에게 보였으나 사람들은 인지하지 못하고 심각하게도 생각하지 않았습니다. 이 바이러스의 생태적 특성은, 50세 미만의 젊은 사람들에겐 감염되고도 증세가 전무하거나 가벼운 감기 비슷한 증상만 나게 하고는 보균상태로 있게 되어 큰 전염원이 되었고, 이 젊은 사람들의 활발한 사회 생활로 인해 많은 사람과 큰 지역으로 퍼지게 되었습니다. 더불어 이 사람 저 사람 또 다른 사람으로 바이러스가 전이되는 과정에서, 인간 생체에 적응하는 능력이 지속적으로 강해지고 가공할만한 병원성과 전염력이 지대하게 되었습니다. 세균학에선 이런 미생물의 전화적 생태과정을 Animal Passage 라 정의하고 있습니다.

'물이 면역의 본체이다'를 처음으로 제안한 부산 부경대학 허민도 박사님의 성원으로 필자가 임상적으로 노인들의 체액검사를 실시해 본 결과에 따르면 일반적으로 노인들의 세포내액(수분)이 많이 결손되어 있었습니다. (앞쪽 측정치 참조)

젊은 사람들이 코로나19에 감염되더라도 증세가 전무한 이유는 물이 주체인 완전한 선천면역 때문이고, 노년층의 치명적 사인은 세포내 체액의 결손으로 선천적 면역력이 약화되어 있었기 때문입니다. 의학적 관점으로 볼 때, 왜 이 바이러스가 특이하게 폐조직을 심각히 손상시켜 환자가 사망에 이르게 되는 걸까요? 인체에 있어서 수분대사가 가장 활발한 기관이 신장이고 그 다음으로 수분 이동이 많은 기관이 폐입니다(24시간 호흡을 통해:입김). 폐포는 아주 넓은 막으로 되어 있고 공기에 노출된 표면적이 피부 다음으로 넓어 이를 통해 지속적으로 24시간 수분이 증발하도록 되어 있습니다.

노인들은 나이에 따라 항상성 반응의 약화와 Hypothalamus(시상하부)의 자율적 체액조절의 반응 예민도의 둔화, 체액 감소에 따른 생리학적 적절량의 수분 보충이 서서히 일어나지 않게 된다. 그리고 부실한 목마른 감각의 상실이 동반하게 된다.

- Dr. Batman Gheldi

박사에 따르면 60세 이상의 노인들은 대부분 2~3L의 체액이 결핍된 상태에 놓여있다고 전하고 있습니다. 이런 노인들의 생리학으로 변화된 생체 환경속에서, 폐포의 세포 내 수분이 제일 적게 되어 있으며, 선천 면역력이 다른 장기보다 많이 떨어져 바이러스의 기생이 더욱 쉬워지고 폐의 손상이 심하게 생겨 생명까지 잃는 경우가 많습니다.

지금 새 변이된 바이러스의 출현으로 온 세계가 큰 두려움에 쌓여있습니다. 벌써 전에 알파, Delta 같은 변이 바이러스가 생겨 돌발 감염의 예가 늘어가고 있습니다. 지금은 오미크론 바이러스 변이종이 생겨 큰 부담이 되고 있습니다. 이런 변이종이 생겨나는 이유는 수천 수만회수를 걸쳐 거듭되는, 사람에서 저 사람 이 사람으로 바이러스가 옮겨졌던 animal passage 과정 때문입니다. 이런 이유 때문에 병원성이 크고 전염력이 강력한 또 다른 변이종이 출현하기 전에 바이러스의 animal passage가 더 이상 진행되지 않게 해야 합니다.

지금 세계적으로 시행하고 있는 코로나19 방역사업에 전적으로 동의하고 참여하고 있습니다. 노인들이 1차, 2차, 3차 백신을 접종해도 완전한 면역력을 얻지 못하는 이유는 세포내액의 결핍으로 항체 형성이 잘되지 못하기 때문입니다.

① Acute 백신 사업 뿐 아니라 나이 10세부터 59세 미만의 모든 국민에게 코로나19 검사를 시행하여 보균자를 색출하고 방역학적으로 잘 관리 해야 한다.

② 60세 이상의 국민이 병에 감염되어 자연히 증상이 생긴 경우, 건강한 사람과 격리시키고, 속히 치료를 시작하고 역학 조사를 동시 시행하여 잘 관리한다.

③ 최근 치료제가 개발되어 보급중에 있으며, 사망률을 줄이게 됨에 따라 큰 기대를 할 수 있게 보이고, 보다 더 정확성 있는 자가검사기가 시판되어 큰 성과를 기대하게 되었다.

▪ 의학계 여러분께 드리고 싶은 제안 ▪

물은 모든 생명체 생존에 절대적이며 필연적 물질입니다. 그럼에도, 실험적 결과만을 요구하는 세계의학계는 관심조차 보이지 않고 있습니다. 현실적으로 상상을 초월할만큼 발전된 세계이지만, 아직까지 이 병의 병리학적 소견을 명백히 밝힌 의학계가 없었습니다. 위에 설명드린 저의 의견은 물이 면역력의 주체이고 animal passage란 세균학 지식을 토대로 이 병의 생태를 살펴 본 결론입니다.

의사의 한 사람으로 여러분께 여쭙고 싶은 사항은 지금 우리가 하고 있는 체액면역Humoral Immunization의 역사는 불과 100년 미만입니다. 그 전 수백 수천년 전에는 Humoral Immunization 같은 것 없이도 인류는 장대하게 번성했고 인구는 거대하게 늘었습니다.

이 밑거름의 힘과 이치는 무엇이었을까요?

또 가축들은 세균이 득실거리는 혼탁한 구정물을 마시고 살아도 아무 탈 없이 생존해가는 생체적 가전은 무엇일까요? 선천 면역 이론은 체세포의 구조적 무결성Integrity과 물의 관계에 기초합니다. 수분이 충분해야 세포의 구조가 유지되고 아울러 세포내 필요한 대사물이 동반되어 면역력이 유지된다는 것입니다. 인류의 번창과 안녕을 위하여 물에 대한 연구가 많이 이뤄지길 간절히 소망합니다.

3부

수분의
영양소로서
기능

수분의
영양소로서 기능

물에 대한 건강 상식

물은 어떤 물을 마시느냐보다 충분히 섭취하는지가 중요하다. 우리나라 대부분의 사람들은 거의 정수기 물을 마시고 있다고 해도 과언이 아니다. 그런데, 정수기 물이 건강에 얼마나 좋은지 그렇지 않은지를 제대로 따져보지도 않고 있다. 흔히 수돗물과 정수기의 관계가 과거에는 경쟁 관계라고 생각한다. 사람들은 정수기에서 나오는 물이 수돗물을 안전하게 처리한 물이기에 안전하고 균형있는 음용수로 생각하기도 한다. 그러나, 패트병에 담겨진 물을 마시다 요즘에는 수돗물을 음용하고 있다. 수돗물을 음용하는 소비자 입장에서 말하자면, 이것이 가정에서는 큰 문제가 아닐 수 있지만 학교에서는 문제가 될 수 있다. 아이들은 수돗물을 못 먹는 물이라고 생각한다. 이는 당국이나 부모 입장에서는 참으로 큰 문제가 아닐 수 없다.

물을 '제6의 영양소'라고도 한다. 물을 충분히 섭취할 수 있는 것 자체가 어떤 물을 먹느냐보다도 더 중요하다. 사실 1인당 수돗물 사용량에 비해서 먹는 물의 양은 채 10%도 되지 않는다. 샤워하는 물도 먹는 물 수준으로 관리하는 것은 굉장히 중요하다. 상수도 물은 음용수뿐만 아니라 우리가 쓸 수 있는 온갖 중요한 용도의 물로 안전하게 관리되고 있다.

물은 안전하게 관리되어야 함은 당연하다. 상수도의 경우 취수원에서 끌어올려진 물이 정수장에서 수도꼭지까지 가는 데는 송수관이나 배수관 같은 관망과 배수지가 있다. 아파트 쪽으로 들어오면 지하 저수조·고가수조가 있으며, 수도꼭지로 물이 들어온다. 현실적으로 관 내부에는 부식이나 물 속에 녹아 있는 물질이 침적되는 것을 제외하면 이물질이 들어올 수 없다.

수돗물이 생수보다 좋은 이유를 궁금해하는 사람들이 많다. 이는 단순히 기호의 문제일 것이다. 외국에서는 수돗물보다 생수를 더 많이 마시지 않느냐는 의견도 있는데, 보통 유럽에서는 수돗물에 석회질이 많아 생수를 선호하는 편이다. 정수를 하더라도 칼슘Ca 함량이 높아, 텁텁한 맛이 가시지 않는다. 미네랄 성분이 수돗물에 풍부해서 물을 마시면 영양제는 필요가 없다고 오해하는 경우도 있다. 상수도 물에는 각종 미네랄이 풍부하기에 다른 식품과 같이 섭취할 때 그 효과는 배가 되는 것이다. 그래서 물을 제6의 영양소라고 부른다.

수분이 보충된 상태를 유지해서 건강 생활을 담보하기 위해서는 하루에 물을 6-8잔 정도씩 마시는 것이 중요하다. 과일과 채소를 많이 섭취해서 수분을 보충할 수도 있다. 매일 물을 마시는 것은 모든 사람이 일상적으로 따라야 하는 건강한 습관이다. 물을 충분히 마시지 않는다는 사실을 몸은 먼저 알아 신호를 보낸다. 모든 음료의 기본이 되는 물은 건강에 있어서 중요한 역할을 한다. 먼저 물은 모든 몸속 장기의 기능 활동에 필수품이다. 몸속에서 물이 흡수되는 것은 혈액순환을 최적화하며, 세포 산소 공급을 개선한다. 또한 이것은 신체 조직을 좋은 상태로 유지하는 데 절대 필요하다. 또한 물은 배출계의 해독 과정을 위해서도 필수적이며, 체내 노폐물 제거를 촉진한다.

처음에는 부작용이 나타나지 않을 수 있지만, 조금씩 탈수가 증상으로 나타나기 시작한다. 이 증상들은 삶의 질에 큰 영향을 미친다. 체내 수분 부족을 알리는 신호를 7가지로 구분해본다.

첫째, 변비 증상이다. 물을 충분히 마시지 않는다는 신호 가운데 가장 먼저 나타나는 증상이다. 변비는 주기적으로 몸에서 대변을 배출하는 것이 불가능하거나 어려운 것과 관련이 있는 소화계 질환이다. 변비는 장에서 염증 반응을 촉발하며, 건강한 박테리아의 활동을 변화시키고 과도한 가스가 축적되게 만든다. 불량한 식생활 때문에 나타날 수 있지만, 물을 충분히 마시지 않는 사람들에게서 특히 자주 나타난다. 수분은 노폐물이 제거될 때 이동을 원활하게 하는 장내 윤활제 역할을 한다.

둘째, 건조한 피부이다. 체내 수분 부족을 알리는 신호 중 가장 대표적인 증상이 바로 건조한 피부이다. 건조한 피부가 외부적인 요인으로 인해 나타나는 증상일 수 있지만, 물을 충분히 마시지 않을 경우 가장 많이 나타나는 증상으로 절대 무시해서는 안 된다. 몸속에서 수분은 정맥 안에서 혈액의 적절한 이동에 관여한다. 이는 피부에서 최적의 지방이 생성되는 것을 유지하는 데 중요한 열쇠이다. 수분이 부족하면 피부 세포가 마르기 시작하고, 피부 재생이 이루어질 수 없다.

셋째, 입과 혀가 말라가는 증상이다. 몸속 수분이 부족해지면 혀와 입이 가장 먼저 건조해진다. 그리고 침의 생성을 줄인다. 일반적으로 물을 마시면, 몇 시간 후 가라앉는게 보통인데, 심하면, 지속적인 갈증으로 시작되어 나타난다.

넷째, 눈밑 지방이다. 지방이 쌓여 생기는 현상이다. 물을 적게 마셔 나타나는 또 다른 미용상의 문제는 눈밑 지방이다. 탈수가 체액저류 및 염증을 유발하기 때문에 탈수가 원인이 될 수 있다. 이는 혈액순환계를 방해한다. 탈수는 세포에 산소가 적절하게 공급되는 것을 저해한다. 이로 인해 피부 건강에 불가피한 영향을

미치게 된다.

　다섯째, 근육통이다. 수분 부족을 알리는 신호로 근육통이 이유없이 발병한다. 몸속에 수분이 너무 적어지면, 근육에 영향을 미칠 수 있다. 물은 체내 전해질의 균형을 유지한다. 이는 근육 건강을 조절하는 작용을 한다. 근육은 튼튼함을 유지하고 염증을 피하기 위해 지속적으로 수분이 보충되어야 한다.

　편두통도 수분 부족으로 생길 수 있다. 편두통으로 인한 것과 같은 극심한 두통은 물을 충분히 마시지 않는 것으로 인해 나타날 수 있다. 탈수 현상은 세포에 산소와 영양소가 공급되는 능력을 저해한다. 이는 두개골에 스트레스와 긴장을 높이기 때문에 나타난다. 수분은 신경계의 기능을 적절하게 유지하고 호르몬 활동을 조절하기 위해 필수적이다.

　이밖에도 소변의 변화이다. 몸이 탈수 상태이며 수분을 필요로 하는지 파악하기 위해 소변 검사까지 할 필요는 없다. 다만 소변 색깔을 보면 금방 알 수 있다. 물을 적게 마시는 사람은 화장실에 덜 규칙적으로 가게 된다. 수분이 적으면 화장실에 갈때 소변이 강렬한 노란색을 띤다. 수분 부족으로 소변 냄새가 평소보다 더 강할 수 있다. 화장실에 가고 싶은 느낌이 들어 화장실에 가도 막상 소변을 보지 않게 되는 경우도 있다. 수분 부족으로 나타나는 증상 가운데 하나이다. 요로 감염이 발생하는 빈도 역시 급격하게 늘어난다. 그렇다면 하루 종일 물을 더 많이 마시는 것이 큰 도움이 될 것이다.

음료수에
얼음을 넣으면 좋은가?

여름철에는 더위에 지친 사람들이 얼음을 넣은 차가운 음료수를 찾게 된다. 얼음을 넣어 먹는 것이 정말 좋은가. 아니면 몸에 해로운가. 추운 계절에도 아이스 커피나 아이스 라테를 찾는 사람들이 많다. 그런데 아이스 커피나 라테 등이 대단히 몸에 좋지 않다는 사실을 알고 있는가? 일부 패스트푸드점과 카페가 얼음을 만드는 데 사용하는 물은 화장실에서나 발견되는 것과 비슷한 박테리아가 검출된다. 얼음을 만드는 기계보다 화장실이 더 깨끗한 경우도 있다.

다국적 체인 음식점의 책임자들은 박테리아의 검출이 직원에 의한 오염일 수 있다고 했다.

얼음 기계와 얼음을 다루는 직원이 화장실 청소도 겸하고 있다는 의미다. 얼음을 만드는 직원이 계산도 하고 바닥도 닦을 수 있다. 이들 가운데 상당수는 손을 제대로 씻지 않고 얼음을 만들거나 취급한다는 것이다.

문제는 얼음을 만드는 물이 아니다. 박테리아는 기계나 음료를 서빙하는 손에서 창궐하고 있다는 점이다. 일단 얼음 속 박테리아가 음료를 통해 몸으로 들어가면, 건강한 사람에게는 그다지 큰 해를 일으키지 않을지 모른다. 하지만 아이나 노인을 포함한 면역 체계가 약한 사람에게는 식중독의 원인이 될 수 있다.

또 다른 문제는 우리가 여행하는 나라와 도시에 따라 물을 마시기에 안전하지 않을 수도 있다. 오염된 강, 호수, 개울, 저수지 등에서 식수가 조달될 수 있다. 이런 경우라면 얼음을 아예 먹지 않기를 권유한다. 배가 아파 호텔 안에서 며칠을 보내는 것보다는 따뜻한 물을 마시는 것이 낫다. 그래도 얼음을 넣는 것이 좋다면 집 냉장고에서 직접 얼린 얼음을 넣어 마시자. 여기서 끝이 아니다. 얼음 트레이나 얼음 제조기가 깨끗하지 않다면, 안에서 곰팡이가 자라고 있을 가능성이 높다. 곰팡이는 여러 단계를 걸쳐 내 몸에 들어가게 된다. 모든 과정을 깨끗이 진행했다면, 음료수에서 몸에 해로운 미생물이 발견될 가능성은 희박하다.

하지만 차가운 음료수를 마실 때 고려해야 할 점이 목과 성대가 자극받을 수 있다는 것이다. 탄산음료, 주스, 차가운 물을 벌컥벌컥 마시면 나중에 인후염, 심지어 발성 장애까지 겪을 수 있다.

아울러 차가운 음료와 뜨거운 음료 중 무엇이 더 좋은가. 얼음장 같이 차가운 물을 식사 도중에 마시면 소화불량이 유발된다는 것이 확실하다. 따라서 차가운 음료수나 주스 대신에 따뜻한 차를 마시는 것이 좋다.

차가운 음료수를 마시면 몸속의 혈관이 수축한다. 이는 몸속의 점액 생성을 증가시켜 적절한 수분 섭취를 가로막는다. 이것이 바로 얼음을 넣지 말라고 권장하는 이유다. 따뜻한 물이나 차를 마시면 소화에도 좋고, 혈액이 정화되며 신장의 독소 배출에 도움이 된다.

지방 분해에도 따뜻한 차가 더 효과적이라는 사실이다. 지방이 위벽에 붙어 굳는 현상을 막아준다. 기름, 견과류, 육류, 노른자, 버터 등의 식물성, 동물성 지방이 포함된 식단에는 따뜻한 차를 곁들이는게 몸에 좋다.

• 식사 도중 물 마시면 좋은가 •

물 마시는 것과 관련된 논쟁 중 하나가 식사 도중 물 마시는 행위다. 상식으로 보면 식사 도중 물을 마시면 소화가 느려질 수 있다. 식사를 기다려 분비되는 소화효소가 희석된다는 논리이다.

그러나, 식사 전에 물을 마시면 위벽을 보호할 수 있고, 포만감이 빨리 들어 과식을 방지할 수 있다. 물론, 식사 도중 물을 마시면 소화 과정이 방해를 받을 수 있다. 꽤 오랫동안, 식사 도중 물을 마시는 게 좋은가에 대한 논란이 있었다.

미 보스턴화학협회American Chemical Society of Boston의 연구에 따르면, 식사 전에 물 두 잔을 마신 사람들은 평소보다 75~90%의 칼로리를 덜 섭취했다고 한다. 이는 물 두 잔이 배고픔을 해결해주는 것도 있지만, 가끔 우리가 배고프다고 착각하는 느낌이 사실은 목마름일 수도 있다.

식사 도중에 물을 마시는 것은 수분저류현상을 일으킬 수 있다. 그러나, 전문가들은 사실 그 반대 현상이 일어난다고 주장하기도 한다. 수분저류현상이란 탄수화물과 물을 함께 섭취하지 못하도록 하는 음식이 있다. 이 경우에는 물을 도중에 마시면 탄수화물의 소화가 어려워지기 때문이다. 이러한 이유로 감자, 빵, 흰쌀 등이 포함된 음식을 먹을 때는 물을 같이 먹는 것이 안 좋다는 말이다. 위장에서 탄수화물과 물이 만나면 탄수화물이 불어나기 때문에, 위염과 비만의 주범이 될 수 있다. 그러나, 우리 몸은 알아서 스스로 조절한다. 하루 언제든지 물을 마시면 신장의 작용이 촉진되어 체내의 수분량이 잘 조절된다.

물과 음식의 관계에 대한 다른 관점을 설명해본다. 식사 도중 차가운 물을 마시면 우리 몸엔 어떤 일이 일어날까. 우리의 위는 소화에 필요한 산을 생성해 음식물이 적절히 섞이도록 돕는다. 개인의 소화 시스템에 따라 차이가 있지만 말이다. 하지만, 차가운 물을 마신다면 위산의 활동이 느려지고 약해져서, 음식을 완전히 소화하는 데 오랜 시간이 걸린다.

그러면, 식사 후에 물을 마시는 것이 더 나을까? 전문가들은 대개 식사 후에 물을 마시는 것을 권장한다. 그러면 물이 위벽을 보호할 수 있기 때문이다. 냉장고에서 방금 꺼낸 차가운 물보다는 실내 온도 정도의 물을 마시는 것이 더 좋다. 차가운 물을 마시면 몸의 pH가 올라가 강한 알칼리성_{염기성}이 되어서 위의 움직임을 저해할 수 있다.

이와 같은 이유로 우리는 식사 전, 식사 도중, 식사 후에 주스나 음료수를 마시는 것을 권장하지 않는다. 그냥 물이나 음료수 없이 식사하는 것이 제일 좋은 방법이다.

물 대신 주스나 음료수를 마시면 어떨까. 가장 좋은 방법이란 보통 식사 시간 한 시간 안에 물 2~3잔을 마시고 30분간 기다린 후 저녁을 먹으면 좋다. 낮 동안 특히 여름에는, 30분마다 물 한 잔씩 마실 것을 권장한다. 목이 안 말라도 규칙적으로 물을 마시면 좋다. 그러나, 전적으로 우리의 몸이 어떻게 느끼는지에 따라 마시는 습관을 들이면 된다. 어떤 사람들은 식사 후에 디저트를 먹는 것이 좋다고 주장한다. 하지만, 배와 오렌지 같은 과일을 점심이나 저녁 한 시간 전에 먹으면 식사 때의 과도한 식욕을 막을

수 있다. 과일에 들어있는 물 덕분에 우리의 몸은 수분도 충전하
게 될 것이다.

차가운 물과 소화기능_____

식사를 마친 뒤 바로 차가운 물을 마시면 소화가 잘되지 않는
다. 차가운 물은 음식물을 소화하기 어려운 상태로 만든다. 예를
들어 지방이 많은 음식이 차가운 물과 만나면 굳기 시작하여, 소
화를 하기 어려운 상태가 된다. 차가운 물을 마시면 소화를 하
는 데 많은 시간이 소요되어 위산 역류가 생길 수 있다. 물을 많
이 마시면 아울러 위장에서 음식물 분해를 위한 산이 묽어져, 소
화를 하는 데 더 오랜 시간이 걸린다. 피곤해지고 몸이 처지게 되
어, 식사 후 활동을 하는 것이 힘들어질 수 있다.

아울러 식사를 하면서 차가운 물을 마시면 치아가 더 민감해
지거나 편두통 및 두통을 동반할 수 있다. 섭취한 음식물이 위에
서 불어나면서 속이 더부룩하거나 복통이 생길 수도 있다.

무턱대고 물을 너무 많이 마시면 소화도 잘되지 않는다. 애초
위장은 원래 체온과 비슷한 온도의 음식물을 처리하게 되어 있
다. 너무 차거나 뜨거운 음식이 들어가면 소화를 시키기 위해 더
많은 일을 해야 한다. 아주 매운 음식을 먹을 때도 그렇다. 소화
가 힘들어져 설사를 하는 사람도 있다.

그러면 식사 후 물을 마시기에 가장 좋은 방법은 무엇인가. 물을 마시면 포만감이 생기기 때문에, 식전에 마시는 것이 더 좋다고 말하는 사람도 있다. 식사를 하면서 물을 마시면 수분 저류가 생긴다고 믿는 사람들도 있다. 하지만 실제로는 신체에 수분이 공급되고, 신장 기능이 활성화된다. 식사중 물을 마신다면 차가운 물 대신 미지근한 온도의 물을 마시는 것이 좋다.

식사 후 차가운 물을 마시는 것의 위험성은 있다. 식사를 할 때 차가운 물을 마시면 여러 가지 문제가 발생할 수 있다. 많은 사람들은 식사 후 차가운 물을 마시는 습관을 갖고 있다. 하지만, 이는 건강에 매우 해로운 영향을 미칠 수 있는 습관이다. 속의 불편함이나 통증이 발생할 수도 있다. 많은 전문가들이 식사 후 차가운 물을 권장하지 않는 이유이다.

사람은 나이에 따라 필요 수분량이 다르다. 유아기에는 수분이 생명유지에 절대적인 영향을 미친다. 갓 태어난 아기의 몸은 90~95%가 수분이다. 아기가 젖을 못 먹거나 수분 공급이 잠시라도 중단되면 큰일이다. 체내의 수분 양이 급격히 떨어지면 탈수가 오고, 탈수로 혈압과 심장·뇌 기능이 떨어진다. 유아기에는 하루에 보는 소변 횟수를 관찰해 횟수가 줄어들면 몸에 수분이 부족한 신호임을 알아야 한다.

성장기에는 세포의 분열과 확장에 많은 양의 수분이 필요하다. 이때 수분이 부족하면 성장장애가 생길 수 있다. 다행히 성장기에는 목이 마르면 알아서 물을 찾아 마신다. 또한 성장호르몬과 항이뇨호로몬ADH, Antidiuretic Hormone 등 수분 조절 물질이 있어 몸은 어떻게 해서든지 물을 보유하려고 한다. 단, 이 시기에 마시기 쉬운 카페인이 든 탄산음료나 가공음료는 마신 수분의 양보다 더 많은 수분을 배출시킨다. 탄산음료가 그리 좋지않은 이유이다.

수분 대체음료의 단맛은 성장기 비만과 성장발육 장애의 원인이 되기도 한다.

성인기에 몸이 건조해지는 이유를 알아야 한다. 성인의 몸이 건조해지는 첫 번째 원인은 잘못된 식습관이다. 짜고 달고 자극적인 음식을 계속 먹으면 몸속에 소금 양만 많아지고 수분은 부족해진다. 겉으로는 멀쩡해 보이지만 세포는 수분이 부족한 건조화 현상이 생긴다. 두 번째는 음주다. 술을 마시면 알코올 속의 이뇨성분 때문에 음주 당일이나 그 다음날 많은 양의 소변을 보게 된다. 술에 들어 있던 수분보다 더 많은 양의 수분을 소변으로 배출하기 때문에 몸은 건조해진다. 세 번째는 카페인이 많이 든 음료다. 커피는 물론 보리차와 옥수수차를 제외한 거의 모든 음료에는 카페인이 들어 있다. 카페인은 알코올 속 탈수물질과 같은 역할을 한다. 카페인 음료는 음료와 함께 몸에 있던 수분까지 함께 배설시킨다.

60대가 넘어가면 우리 몸 전체의 수분 양은 60% 이하로 떨어진다. 이때 수분 부족으로 인한 체내 건조는 노화로 직결된다. 따라서 노화를 늦추기 위해서는 수분 보충에 신경 써야 한다. 나이가 들수록 갈증을 감지하는 데 둔감해진다고 하니, 목이 마르지 않아도 규칙적으로 수분을 섭취할 필요가 있다.

사람의 몸은 대개 나이가 들수록 수분을 잃어 간다. 한 살 한 살 먹을수록 몸이 건조함에도 물을 마시지 않아 체내 건조가 심해진다. 나이가 드는 것은 몸이 차가워지는 것이고 건조해지는 것이다. 그러므로 젊고 건강하게 오래 살고 싶으면 타고난 열과 습기를 보존하는 방법을 찾아야 한다. 규칙적인 운동과 적절한 식단을 실천해 저체온으로 떨어진 생명력을 높여야 한다. 수분을 섭취해 몸속의 습기를 잃지 말아야 한다.

잠에서 깨자마자 마시는 물은 심근경색, 뇌졸중 위험을 상당히 낮춘다. 자는 동안 우리 몸은 땀과 호흡을 통해 몸속 수분을 최대 1L가량 배출한다. 이로 인해 혈액의 점도가 높아져 심혈관질환 위험을 높일 수 있다. 혈관을 막는 혈전 생성 위험이 커지기 때문이다. 하지만 일어나서 물을 마시면 끈적끈적했던 혈액이 묽어지는 효과가 있다. 혈액과 림프액의 양을 늘려서 밤 동안 쌓인 체내 노폐물을 원활히 흘려보낼 수도 있고, 장운동을 활발하게 해 배변에도 도움을 준다. 고령자의 만성 탈수 예방에도 좋다. 고령자 중에는 항이뇨호르몬 분비가 저하돼 만성 탈수 상태를 보이는 사람이 많다. 특히 자는 동안에는 수분 공급이 안 돼 증상이 심해진다. 일어나자마자 물을 마시면 탈수를 막고 신진대사와 혈액순환 촉진을 돕는다.

자기 전 수분 섭취는 혈당을 조절하는 역할을 한다.

당뇨병 환자는 몸의 수분이 빠져나가면 혈액 내 당 수치가 높아지며 혈당이 제대로 조절되지 않고, 그로 인한 합병증이 발생할 수 있다. 잠자리에 들기 30분 전 물을 마시면 체액과 혈액의 균형이 맞고 밤새 혈당이 높아지는 것을 예방하는 효과를 낸다. 잘 때 다리 근육 경련을 겪는 사람들이 있다. 이 경우에도 물을 마시고 자면 경련 예방을 막는 데 도움이 된다.

빈 속에 물을 마시면 건강에 좋다는 말이 있다. 이는 사실일까. 그렇다. 기상 직후 물 섭취는 우리 몸의 윤활유 역할을 한다. 우선 자는 동안 점도가 높아진 혈액을 묽게 만든다. 자는 동안에는 땀, 호흡으로 인해 수분이 500㎖~1L 방출되면서 혈액 점도가 높아진다. 일어나서 물을 마시면 이로 인해 발생하기 쉬운 심근경색, 뇌경색 위험이 낮아진다. 두 번째로 노폐물 배출에 좋다. 기상 직후 물 섭취는 혈액과 림프액의 양을 늘려 몸속 노폐물을 원활하게 흘려보낸다. 세 번째로 장腸 운동을 촉진시켜 배변을 돕고, 네 번째로 만성 탈수를 예방한다. 어르신의 경우 항이뇨호르몬 분비가 저하돼 만성 탈수 상태인 경우가 많은데, 자는 동안에는 수분 공급이 안 되면서 탈수가 더 심해진다. 기상 직후 물을 마시면 이런 탈수를 막고 신진대사와 혈액순환을 촉진시킬 수 있다.

기상 및 취침 전후 마시는 물도 물의 온도는 미지근한 것이 좋다. 찬물을 마시면 자율신경계를 과도하게 자극해 부정맥 등 심장 이상이 생길 수 있다. 또 찬물을 마시면 우리 몸이 정상 체온으로 올리는 데 불필요한 에너지를 쓰게 된다. 특히 고령자나 허약자는 기초대사량이 떨어져 시원한 물을 마시면 체온이 더 감소하고, 위장 혈류량이 떨어져 소화액 분비 저하가 생길 수 있다.

마시는 물의 양은 4잔 정도를 권하지만, 많은 물을 고집할 필요는 없다. 건강 컨디션을 잘 살펴서 물을 마셔야 한다. 물을 너무 많이 마시면 체내 전해질 균형이 깨지면서 뇌부종, 두통, 구역질 등 저나트륨혈증 증상이 나타날 수 있다. 스스로 몸 상태를 잘 살펴야 한다.

음용수 온도는
30도 전후가 좋다

물의 온도는 체온보다 약간 낮은 30도 전후가 적당하다. 미지근한 정도다. 찬물을 마시면 자율신경계를 과도하게 자극해 부정맥 등 심장 이상이 생길 수 있다. 또 찬물을 마시면 우리 몸이 정상 체온을 유지하기 위해 불필요한 에너지를 쓰게 된다. 특히 고령자나 허약자는 기초대사량이 떨어져 있어 시원한 물을 마시면 체온이 더 감소하고, 소화액 분비 저하 등이 생길 수 있다. 물을 벌컥벌컥 마시기보다는 천천히 마시는 것도 중요하다. 고혈압이 있으면서 뇌동맥류나 뇌출혈을 경험한 사람은 물을 빨리 마시면 뇌 혈류량이 갑자기 증가해 뇌혈관에 손상이 생기는 등의 문제가 발생할 수 있다.

여름철은 높은 습도와 땀으로 인해 자주 씻게 되는 계절이다. 그런데 잦은 세안은 피부 속 유수분 균형을 깨뜨릴 수 있다. 피부에 자극 없이 세안하는 방법을 알아본다.

무더운 여름밤에는 많은 양의 땀을 흘리며 자게 된다. 밤 사이 땀에서 묻어난 염분과 활발히 분비되어 모공을 막는 피지를 깨끗하게 정돈해줄 필요가 있다. 건성피부라 할지라도, 아침에 물로만 씻어내는 대신 여름철에는 클렌저를 이용해 세안하도록 하자. 약산성 클렌저를 이용하면 촉촉한 마무리가 가능하다. 세안을 마친 후 마무리도 촉촉하고 건강한 피부를 유지하는 데 중요하다. 수건으로 물기를 제거하는 대신, 거즈를 얼굴에 살포시 얹어 살짝 눌러준다. 물기를 닦아낸 뒤 급속도로 피부가 마르는 것을 피할 수 있다. 그 후 워터타입 에센스로 수분과 영양을 공급하면 좋다. 이 방법은 끈적이는 것이 부담스러운 여름에 산뜻하게 피부를 관리할 수 있다.

잘 씻는 것은 피부 건강을 지키는 핵심이다. 그만큼 씻는 단계에도 세심한 케어가 필요하다. 깨끗하게 씻어내고자 필요 이상의 힘을 주어 문지르면 피부에 자극을 가하므로 옳지 않은 방법이다. 깃털처럼 가벼운 손놀림의 '깃털 세안법'이 효과적이다. 피부에 손 끝만 살짝 닿게 하여 클렌저를 피부 위에서 굴리는 느낌으로 세안하는 것이 그 방법이다.

또한 자주 씻게 되는 여름철에는 피부 타입별로 자신에게 맞는 제품을 잘 선택해 사용하는 것이 중요하다. 클렌징 크림은 촉촉한 마무리감으로 인해 건성용 클렌저라는 인식이 짙다. 그러나 클렌징 크림은 오일보다 수분이 많이 배합되어 있어, 유분보다 수분이 더욱 필요한 지성피부에도 좋다.

반대로 메마른 피부가 걱정인 건성 피부는 오일을 베이스로 하는 클렌징 오일로 세안하는 것을 추천한다. 건성에게 부족한 유분이 피부를 촉촉하게 가꿔준다. 또한 오일이 메이크업과 함께 각질을 부드럽게 녹여 건성 피부에 흔히 나타나는 화이트헤드 관리에도 효과적이다.

수도물은 이로운가

우리나라 상수도 보급률은 98.1%에 이른다. 선진국 수준에 이르렀다. 5,100여만 명의 국민 중 5,091만 명에게 안정적인 수돗물 서비스를 제공하고 있다. 1인당 하루 물 사용량은 주요 OECD 국가 중에서도 높은 수준이다.

2012년 조사 결과에 따르면, 수돗물을 끓이지 않고 직접 음용하는 비율은 2% 정도로 낮은 수준이다. 특히 미국 56%, 캐나다 47%, 일본 33%에 비교했을 때 매우 낮은 수치이다. 왜 그런지 그 배경을 살펴볼 필요가 있다.

우리는 국내 원수의 수질이 좋지 않다고 인식하고 있다. 하지만, 여러 조사 결과를 참고하면 원수의 수질이 결코 나쁘지 않은 것을 확인할 수 있다. UN물개발보고서에서 우리나라는 122개 국가 중 수질지수 순위 8위에 올라있다. 다른 나라들과 비교했을 때도 원수의 수질이 좋은 편이라는 결과가 나왔다.

특히 우리나라 수돗물은 생수보다 미네랄을 골고루 함유하고 있다.

정부는 수질 안전성 확보를 위해 매년 매분기 250개 항목의 수질검사를 실시하고 있다. 다른 선진국들과 비교하더라도 안전한 상태라고 판단할 수 있다.

또한, 미국수도협회AWWA 정수장 평가에서 가장 높은 등급인 5-Star 인증을 획득했다. 그러나, 수돗물의 안전성 수준이 높더라도 나쁜 평가를 받고 있다. 왜 그런가.

각 가정에 보급되는 수돗물은 하천수를 끌어올려 정수처리 공정을 거쳐 소독을 마친 다음 수요처로 보내진다. 생수 같은 경우는 보통 지하수로 이루어진다. 지하수를 퍼올려 소독한 뒤 병에 나누어 판매하는 것이 일반적이다. 소독을 거치기 때문에 생수와 수돗물이 안전성 측면에서 비슷하다고 할 수 있다. 문제는 음용수에 함유된 미네랄 성분이다.

수돗물에는 칼슘Ca, 나트륨Na, 칼륨K, 마그네슘Mg 함량은 우유의 성분 비율과 아주 유사하게 나타난다. 반면, 생수는 어느 한 성분이 매우 높고 나머지 성분이 아주 낮게 나타난다. 이는 바로 지하수의 특성 때문이다.

지하에서 흐르면서 섞여진 광물의 함량만 매우 높게 나타난다. 예를 들어, 지하수가 석회암층을 지나게 되면 칼슘 성분이 매우 높아지는 동시에 다른 성분의 함량은 낮아진다. 물, 특히 음용수는 미네랄이 균형있게 골고루 들어 있는 물이 가장 건강한 물이다. 반면, 수돗물은 서울 부근의 팔당호에서 끌어올려진 강물이 정수되어 공급된다. 생수에 비해 훨씬 다양한 광물질이 혼합되어 있음은 당연하다.

수돗물 잔류염소에 대한 기우_____

그러면 정수기에서 나온 음용수는 어떤가. 정수기 물은 기본적으로 수돗물을 재처리한 물이다. 이 때문에 미네랄 함량은 수돗물보다 낮게 나타날 수밖에 없다. 수돗물에 남아있는 잔류염소가 일반적으로 해로운 존재로 알려져 있다. 그러나, 수돗물에 남아있는 미생물이 번식하지 못하게 막는 것은 잔류염소이다.

반면, 정수기에서는 잔류염소를 제거한다. 이는 정수기 물의 안전성을 보장하기 어렵다는 말과 같다. 게다가 정수기는 조금만 관리를 소홀이 하면 세균이 번식하기 쉽다.

수돗물을 식수로 마시지 않는 가장 큰 이유는 막연한 불안감 때문이다. 맛·냄새, 상수원 수질저하 등이 나오고 있지만, 가장 문제는 막연한 알 수 없는 불안감이다. 아울러 수도관의 노후화로 인해 불신이 지속되고 있다. 각 가정에서 신경을 써야 할 부분은 냉수를 받으라는 것이다. 온수는 보일러에서 한 번 끓여 나오는 보일러 물이다. 수돗물보다 질이 떨어지기 마련이다.

수돗물에서 곰팡이 냄새가 나는 경우가 있다. 수돗물 담당 부서에서는 곰팡이 냄새를 제거하는 기술을 개발해야 한다. 취수원도 중요한 문제이다.

이를 위해 취수원의 개발이다. 하천, 호수를 가리지 않고 검사해 가장 좋은 물을 취수하는 방법이다. 건강한 수돗물을 생산하고, 공급 과정에서의 수질관리에 힘써야 한다. 수도꼭지에서 나오는 물을 직접 측정할 수 있는 간이 수질측정기기가 필요하지만, 아직 현재 기술로는 어려운 문제이다. 아파트의 경우 수도꼭지와 가장 가까운 것이 저수조이기 때문에, 저수조 수질을 측정해 정보를 제공하는 것도 방법이다.

한국인들은 일반적으로 세계보건기구WHO에서 권장하는 물 섭취량의 1/3정도에 불과한 것으로 알려져 있다. 14~18세 청소년

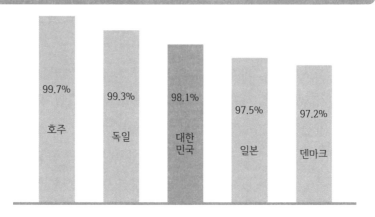

주요 OECD 국가 수돗물 보급률

99.7% 호주
99.3% 독일
98.1% 대한민국
97.5% 일본
97.2% 덴마크

자료 : 환경부 2013년 12월

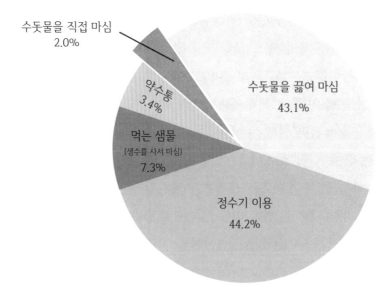

수돗물을 직접 마심
2.0%

약수통
3.4%

먹는 샘물
(생수를 사서 마심)
7.3%

수돗물을 끓여 마심
43.1%

정수기 이용
44.2%

자료 : 2012년 수돗물 만족도 조사결과(수돗물홍보협의회)

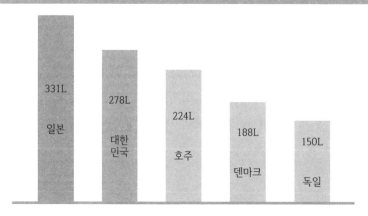

OECD 주요국가 1인당 하루 물 사용량

331L
일본

278L
대한
민국

224L
호주

188L
덴마크

150L
독일

자료 : 2013년 환경부 자료 통계

들의 경우, 남자는 3.3L, 여자는 2.3L 정도의 물을 하루에 마셔야한다. 그러나, 이런 권장량에서 1/3 이하에 그치고 있다는 것이다. 우리 몸에서 2%만 부족해도 탈수현상이 일어나는 상황에서이 상태가 3개월 이상 지속되면 몸에 이상 현상이 벌어질 수 밖에 없다.

정상적 신체활동의 경우 몸속에서 물이 1% 정도만 모자라도갈증이 나타나기 시작한다.

2% 정도 모자라면 집중력이 떨어지며 업무 능력이 떨어진다. 4%가 모자라면 미열이 나며 초조해지고, 불안감과 동시에 판단력 장애가 생긴다. 10%가 부족하면 위험한 상태가 되고, 20%가

부족하면 사망에 이른다. 이처럼 몸속 수분 함량은 매우 중요하다. 하지만, 물에 대한 잘못된 정보들이 너무 많다. 당장 물이 모자라게 되면 피로를 느끼며, 무릎이나 관절에 통증이 오기 시작한다. 특히 수분 함량이 떨어지는 직접적인 증상은 불안, 우울, 짜증, 불면증이 심해지는 경향이 있다. 이런 증상을 보이면, 막연히 약물에 의존하기 보다는 수분 섭취를 늘릴 필요가 있다.

물만 마셔도 살찐다는건 낭설

물에 관한 잘못된 속설 가운데 하나는 물만 마셔도 살이 찐다는 말이다. 몸속에서 필요한 물질의 칼로리를 보면 물의 칼로리는 0이다. 탄수화물과 단백질은 4kcal/g, 지방은 9kcal/g이다. 반면, 물은 비타민·미네랄 같은 미세영양소 이외에는 칼로리는 0kcal/g이다. 아무리 많은 물을 마셔도 살이 찔 수는 없다. 다이어트를 하는 사람들의 물만 마셔도 살이 찐다는 말은 이치에 맞지않는다.

언제 물을 마시면 몸에 좋은가 하는 질문이 많은데, 특별한 정답이 없다. 의학적 소견에 기대기보다는 자신의 몸 상태에 맞춰 마시면 효과적이다. 식사 직후 물을 마시면 소화효소를 희석하기 때문에 자제하라는 일부 의사들의 조언은 맞지 않는다, 몸속에서 소화효소는 필요에 의해 분비된다. 음식물을 소화하는 위장에서 수분이 많아지면, 소화효소가 그만큼 더 생성된다. 따라서 식후 물 마시는게 해롭다는 것은 근거 없는 속설이다. 본인의 몸 상태가 편할 때 마시는 것이 가장 좋다.

반면, 물을 한꺼번에 많이 마시면 몸에 해롭다는 지적이 있다. 이는 어느 정도 맞는 말이다. 만일 한 번에 4L 이상의 물을 마시면, 뇌에 부종이 생겨서 호흡을 못할 수도 있다. 덥거나 땀을 흘리는 상황에서 한꺼번에 많이 마시면 몸에서 거부반응이 나타난다. 1~2L까지는 몰라도 그 이상의 물을 한 번에 마시는 것은 위험하다. 먼저 혈압이 올라가고 심장과 신장에 부담을 준다.

건강하게 물을 마시는 방법은 단순하고 몸에 맞게 섭취하는 것이다. 수분을 섭취하는 갖가지 방법이 있지만 통상 알려진 내용을 간추려본다.

첫째, 우리나라 수돗물에는 미네랄이 풍부하게 함유되어 있다. 수돗물에 대한 불신을 정부 당국은 없애는 노력을 좀더 적극적으로 들여야 한다. 시판 생수보다 훨씬 몸에 좋다는 인식을 확산시켜야 한다.

둘째, 조금씩 자주 먹는 것이다. 물은 섭취한지 2시간이 지나면 소변으로 배출된다. 한 번에 많이 먹고 하루 종일 먹지 않는 것은 건강에 결코 좋지않다. 아무리 길어도 2시간 안에는 꼭 물을 마셔야 수분 함량을 몸에 맞게 맞출 수 있다.

셋째, 땀을 흘렸을 때는 반드시 물을 마시는 것이 중요하다. 몸에서 탈수 현상이 일어나면 몸속 생리기관에 갖가지 변화를 일으킨다.

넷째, 하루에 물을 2L 정도 마시는 것을 권장한다. 2L를 목표로 두면 대게 2L를 못 마시고 1.5L 정도만 마시는 경우가 많으므로 목표를 크게 두는 것을 권장한다.

다섯째, 고기를 먹은 이후 물 마시는 것을 잊지말아야 한다. 육식 후에 물을 마시는 것이다. 고기가 우리 몸에서 소화되기 위해서는 상당한 분량의 물이 필요하다. 고기를 많이 먹으면서도, 육식 이후 소화가 안 될까봐 물을 마시지 않는 경우가 있다. 이는 몸에 바람직하지 않다. 앞에서 설명했지만, 몸이 알아서 소화효소를 분비하기 때문에 그런 걱정은 할 필요는 없다.

약알칼리수 육각수의 정의

소비자들 사이에 물에 대한 관심이 높아지면서 약알칼리수에 대한 정의가 새롭게 다가온다. 흔히 먹는 샘물을 생수라고 하지만, 본래 생수는 끓이지 않는 물이다. 소비자들이 익히 알고 있는 육각수의 경우도 일본에서 시작되었다.

물은 H_2O 형태의 분자가 40~50개 모인 덩어리 양태이다. 그런데, 사람 몸속에 있는 수분은 4~5개의 덩어리로만 이루어져 있다. 그래서 작게 덩어리진 물이 건강에 더 좋을 것으로 추정해서 육각수로 만들었다. 육각수는 낮은 온도에서 물을 냉장 보관하면 생성된다. 냉장고에 있는 낮은 온도의 물은 모두 육각수 형태이다. 이어 철분이 함유되면 물분자 6개가 이를 둘러싸고 있는 형태를 띠어, 온도가 높아지더라도 육각수가 유지된다. 하지만, 이것은 철분을 넣은 물이다. 일종의 녹물이기 때문에 일본에서는 인체 무해한 육각수를 개발했다. 중간에 철광석 실린더를 만들어 물을 통과시키는 방법을 개발했다. 철광석에서 철분 성분이 조금 녹아나온 물이 육각수인데 이것이 육각수의 시작이다.

세계 장수촌의 물은 대개 약알칼리성을 띠고 있다. 바위 암벽을 타고 내려오는 물이나 계곡, 지하수 등은 대개 암벽의 주성분인 칼슘과 마그네슘을 함유하고 있다. 이것이 자연에 맞춰 함유된 물이 약알칼리수이다. 이는 아직까지 인공적으로는 만들어내는 방법을 개발하지 못했다. 현재 약알카리수는 전기적 생산 형태이다. 생수 생산업자들이 전기 분해를 통해 Ph만 약알칼리로 맞춘 물이다.

물을 통해 암 치료를 할 수 있을까. 물 자체가 치료제라는 뜻이 아니다. 수분은 암을 이길 수 있는 면역체계를 구성하는 가장 기본적인 물질이다. 좋은 물을 마시면 건강한 면역체계의 생성과 활성화를 도울 수 있다는 뜻이다. 모든 질병의 시작은 물 부족으로 야기될 가능성이 가장 많다. 물이 부족해서 생기는 병은 약물로 증상을 완화할 수는 있겠지만 물만이 그 원인을 치료할 수 있다.

수분이 중요한 것은 다양한 미네랄의 공급원이기 때문이다. 인체의 뼈는 토양의 성분과 구성이 똑같다. 인체 내의 액체는 물 성분, 특히 바닷물 성분과 구성이 비슷하다. 사람은 자연의 한 부분이고, 반드시 토양과 물로부터 미네랄을 공급받아야 생명체를 유지할 수 있다.

인체에는 모두 100여 가지가 넘는 미네랄이 중요한 작용을 하고 있다. 미네랄 중에는 인체에 많이 필요한 성분도 있고, 아주 적은 양만 필요한 성분도 있다. 미네랄 성분을 이야기 할 때는 몇 개의 중요 원소만 고려해서는 안 된다. 자연을 대표하는 미네랄들이 골고루 균형 있게 들어있는지가 중요하다. 차·커피·음료수·술은 물이 아니다.

모두가 알고 있는 정수기란 사실 권장할 것이 아니다. 물은 거치면 거칠수록 미네랄의 함량이 떨어진다. 보충되지 않는 미네랄을 과일이나 채소에서 섭취하면 된다고 안심하는 사람들이 있다. 그러나, 과일이나 채소에서 얻을 수 있는 미네랄과 물에서 얻을 수 있는 미네랄의 종류는 다르다는 사실이다.

물과 활성산소

현대 질병의 원인으로 활성산소만큼 많이 거론된 요인도 없다.

활성산소는 세포변성의 원인으로 이미 오래 전부터 알려진 독성 물질이다. 산소는 좋은데 활성산소는 그렇지 않다는 이야기다. 각종 성인병과 암, 노화 등과 관련하여 그 원인 물질로 활성산소 문제를 거론하고 있다. 어떤 정수기 회사는 몸속 활성산소 제거하는 물을 개발하였다면서 대대적인 홍보를 하고 있다.

활성산소는 몸속의 생화학적 대사과정에서 정상적으로 발생하는 물질이다. 백혈구와 같은 세포질 내에 존재하여 몸속 세균을 살멸하는 등 좋은 기능도 갖고 있다. 또한 몸속에서 생성된 활성산소는 평소 몸속에서 제거되기에 크게 문제가 있는 것은 아니다. 그러나, 다른 분자 물질과 결합하려는 강한 성질을 갖고 있다. 생체막이나 DNA, 단백질 등의 성분을 공격하는 유해요소로 작용하는 것으로 알려져 있다. 활성산소의 이러한 생화학적 공격성으로 말미암아 각종 질병을 초래한다고 의학계는 합리적인 의심을 하고 있다. 그러나, 결론부터 말하면 활성산소 문제는 극히 표면적이다.

몸속에서 수분이 부족하면 몸의 전체적인 대사는 불완전하게 된다. 이를 테면 암의 직접적인 원인 가운데 하나는 수분의 만성 부족에 기인한 것이다. 활성산소 문제는 극히 작은 표면적이다. 몸에 수분이 충분하다면, 암은 발생도 하지 않을 것으로 본다. 활성산소나 방사선 등으로 DNA를 직접 손상시켰더라도, 충분한 수분으로 인해 바로 복구된다. 암으로 이어지지는 않는다. 이것이 바로 사람이 갖고 있는 면역의 본체로서 놀라운 기능이다. 또한 항상성을 통한 회복기전의 근본이기도 하다.

물은 산소 한 개와 수소 두 개로 만들어진 간단한 구조의 분자 형태를 이룬다. 산소 원자 쪽은 약 음성을, 수소 원자 쪽은 약 양성의 전하를 띠고 있다. 극성을 갖는다. 물 분자의 이 같은 특성 때문에 물은 결합형태로 존재한다. 물분자 사이뿐 아니라, 단백질 및 DNA 분자를 포함한 각종 생체 분자들 간에, 또는 수소결합hydrogen or H-bond의 형태로 존재한다. 바로 생체조직에서 분자 구조 유지의 기본이 된다. 이에 근거하여 물은 면역성의 본체가 되는 것이다.

몸속에서 수분만 보장이 된다면, 어떠한 음식이라도 우리는 자유롭게 먹고 소화할 수 있다. 맛을 더한다면, 다할나위 없을 것이다. 음식 제한에 따른 각종 속박으로부터 완전히 해방될 수 있다. 수분만 제대로 보충한다면 말이다.

이러한 관점에서 식품영양학은 각종 영양소의 가치에 대해 재평가가 필요하다. 영양소의 정의에서 보면 수분이 주영양소이고, 식품 등으로부터 오는 영양분은 부영양소가 된다. 부영양소마저도 인위적으로 선택되는 것이 아니다. 인체가 지니는 고유의 면역성(항상성)을 기초로 해서 몸 스스로가 취사 선택한다는 사실을 기억해야 한다. 말하자면, 지방 덩어리를 먹는다고 하더라도 몸의 취사 선택에 따라 흡수하게 되고, 또 필요하다면, 이것을 다른 성분의 것으로 전환하여 사용하기도 한다. 이것이 인간 몸의 항상성이며, 자동성이며, 면역성인 것이다.

노화의 주범도 활성산소가 아니다. 수분의 부족에서 기인하는 것임을 알아야 할 것이다. 스트레스나, 과격한 운동, 과식 등도 활성산소 발생과 연관짓고 있다. 하지만, 그 이면에서는 수분 부족이 자리잡고 있음을 깨달아야 한다. 몸의 70%나 차지하는 수분의 역할은 무시하고, 그 30%에만 집중한 '어처구니없는' 의학 200년 역사를 필자는 지적하고자 한다.

코로나19 백신의 부작용
처방은 몸속 수분에 있다

이 책을 마무리하면서 마지막 제언을 올린다. 현재 인류에게 가장 두려운 전염병인 코로나19를 퇴치하고자 갖가지 백신이 출현하고 있다. 그러나, 백신이란 사람마다 체질마다 다르게 작용한다. 솔직히 백신을 접종하면서 부작용을 염려하지 않은 독자는 없을 것이다. 이에 대한 의학적 소견을 전하면서 가름하고자 한다.

약물 부작용이란 '약물 이상반응'이라고도 한다. 사전적으로는 '약물 사용 시 원래 의도한 목적과는 다르게 원하지 않는 현상이 신체적, 정신적으로 나타나는 일'을 뜻한다. 이러한 측면에서 코로나 19사태로 인한 '백신 부작용'도 우려된다 하겠다.

그러나, "물이 면역의 본체"라는 사실을 제대로 이해한다면 약물 부작용에서 자유로울 것이다.

앞에서 '물과 약물'이란 주제로 설명한 바 있다. 설명한 바와 같이, 물이 면역의 본체라는 사실을 알았다면 질병이라는 고통스러운 존재는 '처음부터 발생하지 않을 것'이므로 약물은 더 이상 필요 없을 것이다. 피할 수 없는 외상 등에 '진통제나 소염제'정도는 사용하겠으나, 기타 약물류의 대부분은 사라질 수밖에 없다는 것을 이해할 필요가 있다.

코로나19 백신의 부작용을 '전혀 또는 거의 경험하지 않는 사람도 있다. 그런데 부작용을 경험한 환자에게는 무슨 일이 있기에 다른 것일까? 부작용은 정도가 '심한 사람'도 있고, '약하게 그치는 사람'도 있다. 이것에 대하여 의학계는 어떻게 설명할까? 안타깝게도 '특이 체질'운운하면서 추측성의 설명에 그치고 있다. 그러면서도 '부작용 없는 약물이 없다'고도 한다. 그런 설명들이 참 그럴법하다는 생각도 든다. 그런데 물이 면역의 실체라는 것을 깨우친다면, 부분적으로 설명하는 '의학적 편견들'에 지나지 않는다는 것을 알게 될 것이다.

약물 부작용으로는 항생제로 인한 사례가 가장 많다. CT 조영제, 항암제, '비스테로이드성 소염진통제' 순으로 나타난다. 그런데, 약물이든 아니든 어떤 물질이 외부에서 몸속으로 들어올 때는, 몸의 입장에서 '도전을 받는 일'이다. 말하자면 이들 물질들에 대응해 잘 해결해야(소화해내야) 하는 일이다.

예로 소화가 잘되는 음식이 있는 반면 그렇지 않은 음식, 몸에 이로운 음식이 있는 반면 해로운 음식이 있다. 몸은 항상 '내·외부적인 환경에 도전받고 있다.' 도전적 환경에 놓인 우리 몸은 어떻게 이에 대응(적응)해 나가고 있는가의 원리를 알아야 한다.

그러나, 현대의학은 안타깝게도 이것을 모르고 있다. 응급 대응외에는 할일이 없다. 현대의학은 '생명력'이 무엇인지', 면역력'이 무엇인지 알지 못한다. 현대의학은 체내 수분이 생명의 주관자임을 알지 못한다. 모든 체내·외적인 환경을 극복하고 이길 수 있는 힘은 몸속 수분에서 기원하며, '수분에 의한 몸 성분의 조화 능력'에 기초한다.

특히, 음식물이 아닌 '특정 체내 효과를 목적으로 하는 인위적인 약물'은 몸에게는 '이물질 의 유입'이다. 이들 이 물질에 능히 대응 또는 적응하여 이겨내야 하는 과정도, 입으로 들어간 음식도 장을 통하여 몸으로 흡수되는 '일종의 소화 과정'을 거친다.

평소 매일 같이 접하는 음식물이 약물과 다르다고 하겠지만, 약물과 같은 과정 속에서 받아들인다. 음식물도 대부분의 사람들은 다 잘 소화하는데, 어떤 사람에게는 같은 음식이라도 '소화가 잘 안되거나, 체하는 등의 문제'가 생긴다. 특정 음식 '알레르기'가 그 두드러진 부작용의 한 사례일 수 있다. 이를 '음식물 부작용'이라고 할 수 있다. 문제없이 잘 소화되어 음식물이 목적한 효과가 나타나야 하는데, 그렇지 않은 현상에 대해선 어떻게 설명할 것인가?

음식물을 포함한 모든 체내 유입물질의 흡수와 대사는 바로 '수분의 능력이 주관한다'는 것이다. 그렇기 때문에 수분의 만성 부족 상태는 각종 다양한 질병의 근본 원인도 되지만, 약물의 도입으로 인한 대처에 문제가 생긴다면 바로 이 '수분의 부족 상태'가 그 부작용의 원인으로 작용한다는 것이다.

약물 부작용이 없는 사람이 있는 반면, 어떤 사람은 부작용을 심하게 경험하는지에 대한 답은 무엇인가. 바로 체내 수분으로 인한 '구조-기능의 상관성 조화'에 문제가 있는지 없는지, 또는 그 정도에 따라 '부작용의 유무와 심도'를 결정한다.

지금 처절하게 겪고 있는 코로나19 백신 접종의 부작용이 그 현실적인 사례이다. 그러나, 아직도 정확한 답을 제시하지 못하고 있다. 그것은 의학계에 '구조-기능 상관성 이치에 따른 체내의 물, 즉 수분의 중요성에 대한 인식이 전혀 없기 때문'이다. 수분의 면역의 본체로서의 가치를 인식하지 못하는 한 인류는 '약물의 부작용으로부터 해방되지 못할 것'이다.

우리 지구상의 모든 생체는 '놀라운 생명력'을 가지고 있다. 따라서 '질병도 원래 없는 것'이었고, 이를 치료하기 위한 약물도 그 부작용도 있을 수 없었다. 물이 '태초부터 생명력의 근원'이었다.

그러나, 인류는 생명력의 근원인 물의 기능을 의학이란 과학 아래에 두고 비밀로 묻어버렸다. 약물도 약물의 부작용도 '인간의 무지가 만든 비극의 물질들'이다.